广西艺术学院 2021 年校级课程思政和思政课程专项教学项目——立德树人视域下高校课程思政教学评价体系研究（2021KCSZY15）

广西艺术学院 2022 年校级"三全育人"综合改革专项研究课题——课程思政视域下提升高校专业课教师德育领导力研究（SQYR202217）

高校课程思政建设研究

刘桂宇 ◎ 著

中国书籍出版社
China Book Press

图书在版编目（CIP）数据

高校课程思政建设研究 / 刘桂宇著. -- 北京：中国书籍出版社，2024.1

ISBN 978-7-5068-9800-3

Ⅰ.①高… Ⅱ.①刘… Ⅲ.①高等学校－思想政治教育－教学研究－中国 Ⅳ.① G641

中国国家版本馆 CIP 数据核字 (2024) 第 044597 号

高校课程思政建设研究

刘桂宇　著

图书策划	成晓春
责任编辑	毕　磊
封面设计	博健文化
责任印制	孙马飞　马　芝
出版发行	中国书籍出版社
地　　址	北京市丰台区三路居路 97 号（邮编：100073）
电　　话	(010) 52257143（总编室）　(010) 52257140（发行部）
电子邮箱	eo@chinabp.com.cn
经　　销	全国新华书店
印　　刷	天津和萱印刷有限公司
开　　本	710 毫米 ×1000 毫米　1/16
字　　数	205 千字
印　　张	12.75
版　　次	2024 年 5 月第 1 版
印　　次	2024 年 5 月第 1 次印刷
书　　号	ISBN 978-7-5068-9800-3
定　　价	78.00 元

版权所有　翻印必究

前　言

　　自2004年中共中央、国务院发布《关于进一步加强和改进大学生思想政治教育意见》以来，上海市在教育部的指导下，率先展开对课程思政与思政课程协同育人理念的探索与实践，积累了丰富的"上海经验"。随后其他各地各高校也积极探索课程思政与思政课程协同育人的实践路径，结合自身的地域优势和发展特点，创新教育方式，最大限度发挥课堂教学的作用，为构建"大思政"格局建言献策。2020年，教育部印发《高等学校课程思政建设指导纲要》明确指出，《纲要》制定就是为了"贯彻落实中共中央办公厅、国务院办公厅《关于深化新时代学校思想政治理论课改革创新的若干意见》，把思想政治教育贯穿人才培养体系，全面推进高校'课程思政'建设，发挥好每门课程的育人作用，提高高校人才培养质量"，强调了全面推进高校课程思政建设是落实立德树人根本任务的战略举措。

　　"课程思政"就是在各门专业课教学中进行思想政治教育，使"所有课程都承担好育人责任，守好一段渠、种好责任田，使各类课程与思政课程同向同行"。"课程思政"回应社会发展的现实诉求，直面传统教育中知识教育与价值观教育之间存在的"两张皮"问题，反思思想政治教育的"孤岛化"困境，实现思想政治教育对专业课的全覆盖，知识教育与价值观教育相统一，使所有课程承担育人职责，凝聚育人共识，汇聚育人合力。高校作为实现教学育人最主要的阵地，是培养德智体美劳全面发展的社会主义接班人的重要场所，担负着重要的时代重任。现阶段，高校课程思政育人理念的落实是教学育人的重要基础，承载着提高高校教学育人质量、增强育人实效性的重要任务，解决的是"培养什么人""为谁培养人""怎样培养人"的重要问题。新时代，高校加强课程思政建设对培养高质量人才，建构全课程合力育人的教育新格局和实现教育强国梦意义重大。这是本书选择高校课程思政建设作为研究对象的现实触动所在。

　　全书共分为五章，第一章的主题是高校课程思政建设的理论概述，包括四部分：课程思政的提出与依据，课程思政的形成与内涵，课程思政的原则与特征，课程思政建设的意义与必要性。第二章重点阐述高校课程思政建设的价值意蕴，分为三节：落实高校立德树人根本任务的战略举措，培养担当民族复兴时代新人的必然要求，创新高校思想政治教育发展的重要路径。第三章围绕高校课程思政与思政课程的协同发展展开论述，包括三个方面的内容：高校课程思政与思政课程协同发展的紧迫性，高校课程思政与思政课程协同发展存在的问题，高校课程思政与思政课程协同发展的推进策略。第四章的主题是高校课程思政育人的实效性，分为四节：课程思政育人实效性的内涵与评价标准一、课程思政育人实效性的内涵，高校课程思政育人实效性的成效与问题分析，高校课程思政育人实效性的提升策略，高校课程思政育人实效性的发展趋势。第五章主要分析新时代高校课程思政建设的实践指向，包含三个方面：高校课程思政建设的实践成效，高校课程思政建设的困境及其成因，新时代高校课程思政建设的推进路径。

  党的二十大报告对办好人民满意的教育作出部署，强调"育人的根本在于立德。全面贯彻党的教育方针，落实立德树人根本任务，培养德智体美劳全面发展的社会主义建设者和接班人"。高校是国之战略重器。"高校立身之本在于立德树人"。全面推进高校课程思政建设是落实立德树人根本任务的战略举措。在加快建设教育强国新征程上，高校要培养堪当民族复兴大任的时代新人，任务艰巨、责任重大、使命光荣，还需要以久久为功的精神，持续全面推进课程思政建设。

  本书也只是从学术层面的一项初步探索，由于自身认识可能存在的不足，研究水平相对有限，对高校课程思政建设问题的研究尚处于起步阶段，书中部分章节及内容的论证还有待进一步深入探究，期待本书能够抛砖引玉，请大家批评指正。

刘桂宇
2023 年 9 月

目　录

第一章　高校课程思政建设的理论概述 ·· 1
　　第一节　课程思政的提出与依据 ··· 1
　　第二节　课程思政的形成与内涵 ··· 13
　　第三节　课程思政的原则与特征 ··· 21
　　第四节　课程思政建设的意义与必要性 ··· 32

第二章　高校课程思政建设的价值意蕴 ·· 40
　　第一节　落实高校"立德树人"根本任务的战略举措 ······················· 40
　　第二节　培养担当民族复兴时代新人的必然要求 ··························· 46
　　第三节　创新高校思想政治教育发展的重要路径 ··························· 56

第三章　高校课程思政与思政课程的协同发展 ···································· 64
　　第一节　高校课程思政与思政课程协同发展的紧迫性 ···················· 64
　　第二节　高校课程思政与思政课程协同发展存在的问题 ················· 67
　　第三节　高校课程思政与思政课程协同发展的推进策略 ················· 82

第四章　高校课程思政育人的实效性 ·· 95
　　第一节　课程思政育人实效性的内涵与评价标准 ··························· 95
　　第二节　高校课程思政育人实效性的成效与问题分析 ·················· 101
　　第三节　高校课程思政育人实效性的提升策略 ····························· 112
　　第四节　高校课程思政育人实效性的发展趋势 ····························· 124

第五章　新时代高校课程思政建设的实践指向…………………………………131
　　第一节　高校课程思政建设的实践成效………………………………………131
　　第二节　高校课程思政建设的困境及其成因…………………………………135
　　第三节　新时代高校课程思政建设的推进路径………………………………151

参考文献………………………………………………………………………………197

第一章 高校课程思政建设的理论概述

本章为高校课程思政建设的理论概述，主要包括四个方面的内容，分别是课程思政的提出与依据、课程思政的形成与内涵、课程思政的原则与特征、课程思政建设的意义与必要性。

第一节 课程思政的提出与依据

一、课程思政理念的提出

（一）课程思政理念提出的背景

1. 新时代高校思想政治教育发展的需要

近年来，党中央对高校思政工作的高度重视，促使思政教育发展取得了一定的成效。然而，教育工作者也必须正视其中存在的问题，以便改进和完善思政教育。

首先，思政教育往往过度依赖思政教师，而忽视了其他课程的育人责任。这种偏重思政教师的现象，不利于全面推动思政教育的开展，也不利于培养学生的全面素养。

其次，过于明确的课程分工导致融通性的缺乏，这使得其他课程对思政教育的关注度不够，无法将思政元素有机地融入各门课程中。这种局限性使得学生认为只有在思政课上才能接受思政教育，而其他课程则与其无关。

最后，思政课教学存在教育观念落后、内容抽象、远离学生实际学习生活的问题。学生们对思政课的学习兴趣不高，教师们也感到教学枯燥乏味，无法激发学生的积极性和主动性。因此，高校思政教育必须适应时代发展的要求，解决育人困境，提升整体性。我们需要改变思政教育的方式和方法，注重培养学生的创新思维和实践能力，使思政教育更加贴近学生的实际需求和兴趣。只有解决这些问题，高校思政教育才能真正发挥其应有的作用，培养出品德高尚、知识渊博、具有国际竞争力的优秀人才。

2. 新时代青年正确价值观的引导需求

青年大学生作为社会发展进步的后发力量，承载着重大的历史责任。高校应当深刻认识到青年大学生的价值塑造阶段的重要性，以此为出发点，有的放矢地推进课程思政建设。尽管大多数大学生的思想道德状况是健康乐观的，但也必须正视个别学生存在的问题。一些学生在成长过程中过于追求个人利益的最大化，极度关注个人前途和社会地位，却对自己所应承担的社会责任漠不关心。还有一些即将毕业的大学生缺乏对未来的明确规划，对于自己和社会缺乏清晰的认识，对国内外重大事件的关注不够。这些现象表明，高校思政教育仍存在着一定的局限性。

在当今社会，大学生作为青年一代的代表，他们的政治信仰容易受到来自网络和社会的负面影响。这是因为大学生正处于认知能力和判断能力的提升与健全时期，他们容易受到各种信息的冲击和干扰，导致政治信仰的模糊或动摇。这也反映出高校思想政治教育仍然存在局限性。另外，部分大学生在成长过程中缺乏明确的规划，倾向于得过且过，对自身的发展缺乏积极进取和踏实行动的精神。他们关注个人的短期利益和社会地位，忽视了自己所应承担的社会责任。这种现象表明，他们对国家大事缺乏正确的认识和深入的关注。然而，大学生的培养对于党、国家和社会的长期发展具有重要意义。因此，高校更应当努力加强思想政治教育，解决存在的问题，构建德育的良好局面。

3. 试点高校课程思政的实践和经验

上海的一些高校在课程思政建设方面展现出了积极的实践和创新。上海中医药大学在"人体解剖学"课程中，通过要求医学生向"大体老师"鞠躬，以此培养学生对生命的敬意和崇敬之情。这一做法使得学生们更加重视人体解剖学的学习，也加深了他们对医学专业所承载的责任的认识。同时，上海大学通过策划名为"创新中国"的课程，以科技创新为主题，引导学生了解中国发展的需求。通过这门课程，学生们不仅能够了解到中国在科技创新领域所取得的成就，还能够明确自己在这个发展进程中所扮演的重要角色。通过培养创新精神和创新能力，学生们能够更好地适应和应对快速变化的社会环境。此外，上海师范大学人文与传播学院也开展了思政教育融进专业课程的试点工作。通过在人文社会学科中融入思政教育，学生们能够更加深入地了解自己所学专业与社会发展的紧密联系。这种融合不仅丰富了专业课程的内涵，还培养了学生们的社会责任感和公民意识。这些先进的实践经验为其他高校的课程思政建设提供了宝贵的参考。通过借鉴和吸取这些经验，其他高校可以在课程中更好地融入思政教育，使学生们在专业学习的同时更加全面地发展自己的思想。

（二）课程思政理念提出的意义

课程思政通过在各类课程中融入思政教育，突破了传统教育的局限，实现了高校育人工作的全面性和整体性。这种新的教育理念为培养德智体美劳全面发展的社会主义建设者和接班人提供了新的途径和保障。

首先，通过课程思政，学生在各类课程中接受思想教育，不仅能够获得专业知识，还能够培养正确的价值观和道德观念。课程思政的实施不仅提高了学生的综合素质，更重要的是培养了学生的社会责任感。而传统的思政教育理念已经过时，因此需要积极探索新的教育理念。当前，高校思想政治教育工作存在一个问题，即过度依赖思政课程，而对其他类型的课程在培养学生的作用方面认识不够，这就忽视了高校育人工作的整体性。针对这一问题，高校需要让所有教师都明确自己的育人职责，并将其贯彻到日常教学中。这意味着每一门课程都应该注重培养学生的思想道德和社会责任感。无论是科学课程、文学课程还是法学课程，都可以通过精心设计教学内容，引导学生思考社会问题、培养正确的价值观和道德观念。

其次，课程思政的提出标志着学生主体作用在教育中的重要地位。学校教育一直追求学生成长和成才，因此需要不断创新教育方法，与时代发展同步。互动式、辩论式等易于学生接受的教学方式能够激发学生的学习主动性，促使他们积极参与课堂讨论和思考。此外，构建平等和谐的师生关系也是重要的因素。只有实现师生之间平等对话、平等交流，学生才能真正发挥创新思维和创造活力。课程思政还强调将德育元素融入专业课程中，让学生在潜移默化中得到道德认识的培养。通过归纳整理、系统挖掘专业课程中的德育元素，学生不仅能够丰富自己的学识，还能形成正确的道德观念。这有助于引导学生充分体会学习的重要意义，增强学习动力，激发上课的积极性。同时，学生也会形成努力学习的内驱力，实现自身的全面发展。

最后，课程思政的提出意味着高校意识形态工作的进一步强化。在当今复杂多变的社会环境下，高校容易受到各种社会思潮、利益群体和复杂思想观念的影响。因此，加强意识形态工作、防范风险、降低不良影响至关重要。为了强化意识形态工作，高校需要探索有效措施，扭转教书与育人相分离的趋势。通过意识形态教育融入专业课程，发挥各类课程的育人功能，实现知识传授与思想教育的有机结合。同时，也需要改革课程教学方式，提高思政课的实效性，引导学生思考社会问题、培养正确的价值观和道德观念，让他们在学习中感受到思想教育的重要性。面对新形势的挑战，高校应积极作为，将意识形态工作做细做好。学校管理和课程建设需要实现完美结合，确保意识形态工作的有效推进。学校应加强师资队伍建设，培养思想政治素质高、教学成绩优秀的教师，为学生提供优质的思政教育。同时，要注重学生的参与和反馈，形成共同推动意识形态工作的合力。

二、课程思政建设的依据

（一）课程思政建设的理论依据

1.马克思主义基本理论

（1）马克思主义关于人的全面发展理论

高校课程思政理论的核心在于马克思主义关于人的全面发展理论，这一理论将教学实践置于核心位置。教学内容是经过实践形成的，代代相传并被认为是正确的内容，通过教学环节传达给学生。然而，教学内容也需要在实践中不断检验，以适应社会发展和人们认识水平的提高。在过去的教育活动中，学生往往被动参与，这不仅不利于教学效果的实现，还会引起学生的不满。通过实践，学生能够将所学知识与现实情境相结合,加深对知识的理解和运用能力。同时,教学实践也能满足学生的需求,使他们在实际操作中充分发挥自己的才能和创造力。通过推进教学实践,教师能够更好地了解学生的学习需求和困难,有针对性地进行教学设计和指导,提高教学效果。而学生则能够通过实践更好地掌握知识和技能,提高自己的综合素质和实践能力。

人的全面发展是指在智力、体能、道德品质、自由个性、社会关系、志向与兴趣等各个方面全方位、多角度地发展。高校课程思政教育理念与人的全面发展相契合,强调教育对整体素质的提高和个体自主性的重视,为高校课程思政建设指明了方向。人的全面发展不仅是个体的需要,也是国家公民整体素质的提升、整个社会成员共同发展的关键。只有通过教育来关注和培养人的各个方面,才能建设一个有素质、有创造力的社会。

课程思政是一种以马克思主义基本观点为指导的教育模式,旨在向学生传授马克思主义理论及其中国化的成果,以培养学生成为全面发展的现代职业人。这一教育目标与马克思关于人的全面发展理论是一致的,因此构成了课程思政的理论基础和根本价值目标。通过课程思政,高校教育实现了思政课与专业课的融合,解决了过去思政课与专业课分离的问题。这种创新的教育模式能够使学生在专业学习的同时,接受思想政治教育的熏陶,培养出全面发展的素质和能力,从而实现了"三全育人"的新格局,即全面培养学生的思想道德素质、科学文化素养和专业能力,为国家培养更加优秀的人才。

(2)马克思主义教育思想

我国教育事业的辉煌成就和未来发展都离不开马克思主义及其教育思想的指导。教育必须紧密结合社会实际,适应信息高速发展的时代背景。在这个时代,社会思潮对青年行为和思想产生了更加深远的影响。因此,课程育人成为社会发展的必然要求,而课程思政在其中发挥着重要作用,教师们共同承担着培养全面发展的新时代人的重任。党一直以来高度重视教育,马克思主义的教育思想为课程思政提供了坚实的理论依据。通过马克思主义教育思想的引领,我们能够更好地推进教育事业的发展,培养出更多优秀的人才,为国家的繁荣与进步作出贡献。

要推进课程思政的建设,需要激发全体教职员工参与思想政治教育工作的热情,确保学生在专业知识和价值观念上都能得到充分的培养,实现个性解放和全面发展。课程思政的开展必须有效运用社会生活内容,开展形式多样的实践教育活动,引导大学生更加全面、深入地了解社会生活,在社会生活实践中深度发掘自身价值,进而实现个人价值与中华民族伟大复兴的中国梦的有机结合。同时,还要拓展思想政治教育的新视野。作为一项"立德树人"的社会实践活动,课程思政更为关注教育者与学生之间思想意识方面的交流,即归属于精神交往的范畴。在精神交往层面,单纯地进行知识灌输而非价值引领,难以达到课程思政教育铸魂树人的教育目的。

2. 道德教育理论

在德育方面,学生应成为主体,不应采用传统的灌输式教育方式。因为传统方式忽视了学生的自主意识和发展水平,也无法激发学生的学习热情。为了让德育更具吸引力和有效性,在课堂教学中应采用各种新颖的教学方式,让学生积极参与和发挥自己的作用。当然,教育者在其中也扮演着重要的指导角色。此外,德育工作还应结合学生的实际情况展开,培养他们的思想意识。通过这样的方式,能够更好地实现德育目标,让学生在道德方面得到全面发展。

当前,我国高校在道德教育方面存在不足,主要依靠思政课或将道德教育融入素质类课程中进行。然而,这种方式无法实现对学生的全方位道德教育。为了弥补这一不足,课程思政理念应运而生,将道德教育自然融入所有专业课程中。这不仅提升了课程的育人功能,还激发了学生的学习主动性。

3. 隐性教育理论

隐性教育是一种注重在自然轻松的状态下进行教育的方法,通过感染和启发受教育者,使其自然地接受教育内容。相比于显性教育,隐性教育更容易使教育对象接受和内化教育的目标。在高校教育中,课程思政成为实现职业道德教育的重要方式。通过将思政元素融入专业课程中,学生在学习专业知识的同时也获得了职业道德教育。这种方式更容易得到学生的接受和认可,起到润物无声的作用。

4. 思想政治教育接受规律论

接受的形态有自发性、指导下和自觉性三种。思政教育是一种内化的过程,但受教育者也会有外化的反应。与此同时，受教育者具有能动性，尤其是在教学进行到一定程度后，他们对教育内容的选择性和能动性更加突出。是否能够将所接受的教育内容转化为实践行动，也是受教育者能动性的主导因素。因此，教育者需要利用双向互动规律，充分把握受教育者的主体地位，改变过去以传授知识为主、忽视学生主体地位的教学方式。只有通过与受教育者展开互动，激发他们的能动性，才能更好地实现思政教育的育人目标。

在教学过程中，教师扮演着重要的角色。应该主动了解学生的需求和期望，以确保教学内容与学生的实际需求相契合。为了做到这一点，教师需要不断提升自身的能力和修养，以更好地满足受教育者的期待。此外，教育者还应当具备发现和引导学生创新期待的能力。通过激发学生的创新潜能，教育者能够促进学生的实现和发展，同时激发他们的积极性和能动性。这样一来，思想政治教育的效果也能够得到提升。更为重要的是，教育者应该以改善和提高学生的主体性为目标。这意味着教育者要引导学生自主地接受、内化和外化教育内容。教育者的施教方式和教学内容会直接影响受教育者的接收方向和水平。教育者应以社会价值目标为指引，引导学生朝着积极向上的方向发展。在思政理论课中，教师需要从受教者的实际情况出发，关注学生之间的差异，并适应受教育者的心理特点。通过了解学生的需求和期望，教师能够更好地调整教学内容和方法，以满足学生的接受需求。此外，教师还应该渗透思政教育元素，将思想政治教育的要素融入其他各类课程中，以实现教学目标和育人目标的统一。

5. 有效教学理论

课程思政的目标是实现全方位、全过程的育人，这与有效教学理论相契合。它着重于教学的全面性和有效性的设计与发展，旨在促进学生的全面发展。为了实现有效教学，教师需要精心组织设计，并不断完善教学体系、目标和原则。课程思政的建设要求各学科协同育人，各阶段融合，从而实现有效教学的目标。此外，课程内容也要达到理论与实践的统一，科学知识与正确价值观的统一，这体现了有效教学理论在课程思政中的具体应用。课程思政的实施可以更好地推动学生的思想道德发展，培养综合素养，促进他们成为具有正确价值观和社会责任感的公民。

中国共产党对高校课程思政进行了广泛论述并提出了自己的指导思想。从对思政课的初步认识，到对课程定位的深化理解，再到对各类课程和所有教育者具有培养人才功能的倡导，这些指导思想展现了对课程思政建设不断探索的过程。

（二）课程思政建设的实践依据

1.意识形态教育的复杂性

新时期课程思政的推进源于意识形态教育的重要性和复杂性。意识形态作为一种"软力量"，代表特定阶级和利益集团对社会的影响力。意识形态工作需要从顶层设计，为现有政治制度提供合理的思想体系。同时，通过引导社会成员认同这些思想观念，使他们在价值选择和行为实践中自觉地遵循这些思想观念的指引。这样的推进旨在塑造社会成员的思想意识，促进社会的和谐稳定发展。

意识形态在教育中为社会成员提供内在依据和动机，通过价值符号证明社会制度、决策和秩序的合理性，这个过程涉及社会各个方面。意识形态教育要实现社会成员在行为实践、情感生成、态度倾向、价值选择、理想信念形塑等方面的内在统一，并符合主流意识形态。校园教育在意识形态教育中具有重要作用，整合高校教育资源，通过课程搭建个人与社会、实践活动与思想信念体系之间的桥梁。教育课程成为实现教育和育人目标的主要载体。通过课程思政的实施，可以培养学生正确的价值观和社会责任感，推动他们成为具有创新精神和社会关怀的综合素养型人才。

以课程为载体整合教育资源，实现意识形态教育目标是一项重要的任务。在这个过程中，明晰学科的价值取向，与社会主义核心价值关系为前提。在良好的课程教学环境中，通过积极的思想引导，学生可以在构建学科知识体系的同时，形成正向的情感态度、科学的思维方式、正确的价值选择和坚定的理想信念。这样，学生在面对社会多元价值信息时，能够自觉地倾向于符合主流意识形态的要求。因此，课程思政的实施对培养学生的综合素养和社会责任感具有重要意义。

2."立德树人"根本任务实现路径的多维性

党和国家将培育共产主义信念和社会主义意识形态视为教育的核心任务，高校则承担着培养人才的责任和使命。"立德树人"的任务经历了阶段性的演进：自中华人民共和国成立至20世纪六七十年代，强调对国家、党和社会主义的认同,培养爱国主义情怀、社会主义觉悟和共产主义信念,树立辩证唯物主义和历史唯物主义的观念;20世纪八九十年代注重正确的政治和社会主义发展方向,支持党的领导,强调培养有理想有道德的新时代人;进入21世纪,教育注重培养学生的世界观、人生观、价值观,树立社会主义理想和信仰。

在新时期,"立德树人"的历史使命日益重要,其将"立德"置于关键地位,旨在培养能够承担民族复兴大任的"时代新人"。党和国家一直将培育社会主义建设者和接班人作为教育的主线贯穿各个环节。为了实现"立德树人"的使命,需要进行系统的育人工程,充分利用各类教育载体,建立健全思想政治教育长效机制。此外,为了达到育人目标,还需要拓宽思想政治教育的外延,紧紧围绕思政课程和各类课程的核心,同时辅以日常的思想政治工作,以构建一个系统而科学的思想政治育人环境。只有如此,才能够真正促进新时期意识形态教育目标的实现和"立德树人"根本任务的完成。

3. 高校思想政治教育育人合力的欠缺性

目前,高校思想政治育人的合力作用还未完全发挥,育人资源还有待优化。思想政治课程体系构建是一项涉及多个学科内容的综合工程,需要不同学科内容融合才能构建形成的课程体系。所以,思想政治教育课程体系建设必须要汇集各方力量,需要广大专业教师共同参与、学科课程合理设置和学科育人资源充分发挥,形成学科内容建设、课程内容设置、教育教学方法多样化创新和教师积极参与的思想政治教育活动,构建创新型高校思想政治教育新体系。思想政治工作是包含很多子内容和子系统的复杂工程,要让子系统中的相关要素在平衡有序中发展,才能让叠加效应更加显著。"立德树人"的根本任务实施更加到位,育人合力的作用力更加强大,这也是在实践教育活动中不断得到验证的基本规律。所以,思想政治教育工作实施活动过程中,要综合考虑所有内容和活动的设计,将所涉及的模块内容全部统一起来,构建成为"大思政"格局,让子系统的内容在高度统一中发挥更大的教育合力。要深入落实"三全育人"综合改革工作,就要调动一切可调动的育人资源,坚持"立德树人"的教育理念,学校各项教育活动都时刻贯穿育人思想,形成育人工作人人有责、育人活动人人参与、育人教育时时进行的工作体系。

（三）课程思政的政策依据

在"课程思政"探索之初，高校尚无成熟可用经验之时，把握教育改革建设的工作指引显得尤为重要。进行好课程思政建设工作，需要引导教师率先对与课程思政工作相关的方针与政策进行学习讨论，领悟主要文件精髓与精神，保证未来课程思政工作方向的正确性。国家在这一方面也发布了一系列指导性文件：

2004年10月14日，中共中央印发《关于进一步加强和改进大学生思想政治教育的意见》，明确了高校各门课程都具备育人功能，所有教师都肩负育人职责。全体教师要规范自身，严于律己，以潜移默化的方式带动学生。挖掘思政教育资源，使学生不仅掌握专业知识，还能够提升政治觉悟，加强思想道德修养。教师严肃教学纪律与课堂纪律，言谈举止要遵守宪法和党的路线方针政策。

2017年2月27日，中共中央、国务院印发《关于加强和改进新形势下高校思想政治工作的意见》，表明思想政治教育事关如何办大学、办怎样的大学的根本问题，事关社会主义事业接班人的培养。由此提出坚持"立德树人"为根本，坚定理想信念教育为核心，以社会主义核心价值观为引领。强调各门课程都蕴含思政元素，都有育人责任。

2017年9月24日，中共中央、国务院印发《关于深化教育体制机制改革的意见》，指出健全"立德树人"系统化落实机制，要健全全员全过程全方位育人的体制机制，充分将各门课程所蕴含的德育元素深入挖掘。对加强德育课程、思政课程建设等提出明确要求。

2017年12月5日，中共教育部党组印发《高校思想政治工作质量提升工程实施纲要》，提出坚持理论教育与实践养成相结合，整合各类实践资源，丰富实践内容，创新实践形式，教育引导师生在亲身参与中增强实践能力，树立家国情怀。明确指出要构建课程育人质量提升体系，大力推动以"课程思政"为目标的课堂教学改革，优化课程设置，修订专业教材，完善教学设计，加强教学管理，梳理各门专业课所蕴含的思想政治教育元素和所承载的思想政治教育功能，融入课堂教学各环节，实现思想政治教育与知识体系教育的有机统一。

2018年1月20日，中共中央、国务院印发《关于全面深化新时代教师队伍建设改革的意见》，要求提升教师的思想政治素质和职业道德水平，并将其摆在首要位置，突出全员全方位全过程师德养成，推动教师成为先进思想文化的传播者、党执政的坚定支持者、学生健康成长的指导者。引导广大教师坚定"四个自信"做"四有"好教师。

2018年4月13日，教育部印发《新时代高校思想政治理论课教学工作基本要求》，指出要制定实践教学大纲，整合实践教学资源。要深入研究网络教学的内容设计和功能发挥，不断创新网络教学形式，推动传统教学方式与现代信息技术有机融合。积极运用线上教学与线下教学相结合的方式促进思政课实践教学的开展。

2018年4月13日，教育部印发《关于加强新时代高校"形势与政策"课建设的若干意见》，主张"形势与政策"教育类选修课要发挥"课程思政"作用。根据形势发展要求和学生特点有针对性地设置教学内容，及时回应学生关注的热点问题，紧密结合专业知识，适恰地将时事问题融入进行"课程思政"。

2018年8月20日，教育部、财政部、国家发展改革委印发《关于高等学校加快"双一流"建设的指导意见》，指出实施普通高校思想政治理论课建设体系创新计划，大力推动"思政课+课程思政"为目标的课堂教学改革，使各类课程、资源、力量与思想政治理论课同向同行，形成协同效应。

2018年10月17日，教育部印发《关于加快建设高水平本科教育全面提高人才培养能力的意见》，站在推动实现高水平本科教育全面提高人才培养能力的高度，强调从课程、课堂、教师、目标各个方面细化"课程思政"建设，推动"课程思政"建设常态化发展，形成"思政课程"与"课程思政"紧密结合、同向同行的育人格局。

2019年2月23日，中共中央、国务院印发《中国教育现代化2035》，提出"八大理念"和"十大战略任务"。在"八大理念"中强调德育为先，在"十大战略任务"中首要任务为学习习近平新时代中国特色社会主义思想，重申了高校思想政治教育以及"课程思政"改革的重要性。

2019年8月14日，中共中央、国务院印发《关于深化新时代学校思想政治理论课改革创新的若干意见》，第一次明确指出要整体推进高校"课程思政"，深度挖掘高校各学科门类专业课程中所蕴含的思想政治教育资源，各类课程与思政课程相互配合，合力育人，制定关于加快构建高校思想政治工作体系的意见，汇聚办好思政课合力，共同提高学生思想政治素养的重要性。加大正面宣传和舆论引导力度，推动形成全党全社会努力办好思政课、教师认真讲好思政课、学生积极学好思政课的良好氛围。

2019年10月8日，教育部印发《关于深化本科教育教学改革全面提高人才培养质量的意见》，指出把"课程思政"建设作为落实"立德树人"根本任务的关键环节，充分发掘各类课程和教学方式中蕴含的思想政治教育资源，建成一批"课程思政"教学研究示范中心，引领带动全员全过程全方位育人。

2019年10月27日，中共中央、国务院印发《新时代公民道德建设实施纲要》，指出注重融入贯穿，把公民道德建设的内容和要求体现到各学科教育中，体现到学科体系、教学体系、教材体系、管理体系建设中，使传授知识过程成为道德教化过程。明确强调了"课程思政"建设要有机融入思政元素。

2019年10月30日，教育部印发《关于一流本科课程建设的实施意见》，指出建设适应新时代要求的一流本科课程，要重视挖掘各类课程中的思政元素，推动"课程思政"的理念形成广泛共识，强调"课程思政"的育人功能。

2020年4月22日，教育部等八部门联合印发《关于加快构建高校思想政治工作体系的意见》，《意见》中按照学科专业特点，提出文史哲类、经管法类、教育学类、理工类、农学类、医学类、艺术类七大专业课程的"课程思政"建设构想，为高校专业课教师在"课程思政"建设中找准自己的角色、干出自己的特色指明了方向。

2020年5月28日，教育部印发《高等学校课程思政建设指导纲要》，指出全面推进"课程思政"建设是落实"立德树人"根本任务的战略举措，"课程思政"建设是全面提高人才培养质量的重要任务。明确了"课程思政"建设的目标要求和重点内容，强调结合专业课特点进行"课程思政"教学设计，健全质量评价体系和激励机制，对"课程思政"建设做出整体设计和全面部署，对于合力推进高校"课程思政"建设走向深入、落到实处意义重大。这是"课程思政"由理念走向实践，从试点走向全面的开始。

第二节　课程思政的形成与内涵

一、课程思政的形成

（一）从政治与思想教育到思想政治工作

中国共产党历来重视思想政治教育。自1921年诞生以来，中国共产党始终坚持把马克思主义理论与中国实际相结合，创新和发展思想政治教育理论，一直高度重视从思想上建党。1956年，国家基本上完成了对农业、手工业、资本主义工商业的社会主义改造。此后十年内是我国政治与思想教育工作的探索期，这一时期我国普通高等院校的政治理论课的课程设置和教学内容逐渐由以新民主主义革命理论和政策为主，转变为以社会主义革命和建设的理论和政策为主。1957年，毛泽东在《关于正确处理人民内部矛盾的问题》的报告中提出了教育方针的重要原则。他强调："我们的教育方针，应该使受教育者在德育、智育、体育几方面都得到发展，成为有社会主义觉悟的有文化的劳动者。"[1] 在1958年的指示中，毛泽东再次强调了党的教育工作方针，他指出："党的教育工作方针，是教育为无产阶级的政治服务，教育与生产劳动相结合；为了实现这个方针，教育工作必须由党来领导。"[2]

在20世纪60年代，中国的教育领域发生了转变，从"政治与思想教育"逐渐过渡到"思想政治工作"的概念。在1964年下发的《中共中央宣传部、高等教育部党组、教育部临时党组关于改进高等学校、中等学校政治理论课的意见》（中发〔64〕650号）指出，"高等学校、中等学校政治理论课的根本任务，是用马克思列宁主义、毛泽东思想武装青年，向他们进行无产阶级的阶级教育，培养坚强的革命接班人；是配合学校中各项思想政治工作，反对修正主义，同资产阶级争夺青年一代……政治理论课教师应当在自己的教学活动中，积极配合学校党、

---

[1] 毛泽东. 关于正确处理人民内部矛盾的问题 [J]. 中华人民共和国国务院公报, 1957（26）: 467-492.
[2] 中共中央、国务院关于教育工作的指示 [J]. 安徽教育, 1958（10）: 8-9.

团组织对学生进行的思想政治工作。"① 此后,"思想政治工作"的概念一直延续到改革开放初期。

(二)从思想政治工作到德育、学科德育

改革开放以后,教育部对青少年思想政治教育的重视程度有所增加,开始积极推动政治理论课程的恢复和重建,强调要加强思想政治工作的协同合作。1981年6月,党的十一届六中全会通过的《关于建国以来党的若干历史问题的决议》指出:"要在全党大大加强对马克思主义理论的研究,对中外历史和现状的研究,对各门社会科学和自然科学的研究。要加强和改善思想政治工作,用马克思主义世界观和共产主义道德教育人民和青年,坚持德智体全面发展、又红又专、知识分子与工人农民相结合、脑力劳动与体力劳动相结合的教育方针。"②

现阶段迫切需要解决的国家难题之一是如何提高高等院校的思想政治教育工作质量,该问题重点在于将马列主义理论课程以及学校内部的日常思想政治工作视为相互配合、不可或缺的完整体系并加以推进。自此,马克思主义理论课和思想道德课组成的"两课"建设开始走向规范化。为贯彻党的十二届六中全会精神,进一步指导高校在日常教育教学过程中渗透思想政治教育工作,1987年,中共中央出台的《关于改进和加强高等学校思想政治工作的决定》(中发〔1987〕18号)更是明确指出:"把思想政治教育与业务教学工作结合起来。要按照各个学科的特点,引导学生正确认识在校学习与今后工作之间的关系,解决好为谁服务的问题……哲学社会科学和文学艺术课程,应坚持以马克思主义为指导,努力联系我国改革和建设的实践,把思想政治教育贯穿到教学环节中去。自然科学课程的教学要注意讲述本专业在我国社会主义建设中的成就和当前要解决的重大课题……"③ 为了更好地将思想政治教育贯穿到教学环节中去,1994年8月出台的《中共中央关于进一步加强和改进学校德育工作的若干意见》(中发〔1994〕9号)中正式提

---

① 胡海涛. 大学生马克思主义认同及其与思政课实践教学关系研究 [M]. 北京:经济日报出版社,2020.
② 周川. 国情与建设——学习《关于建国以来党的若干历史问题的决议》的体会 [J]. 经济管理,1981(12):9-11.
③ 中共湖南省委 湖南省人民政府贯彻中共中央《关于改进和加强高等学校思想政治工作的决定》的意见 [J]. 湖南政报,1987(09):8-15.

出学校德育和学科德育的概念，明确："加强马克思主义理论教育是加强和改进学校德育工作的首要任务和根本措施，要整体规划学校的德育体系，按照不同学科特点，促进各类学科与课程同德育的有机结合……各门课程的建设应体现社会主义的办学方向和全面发展的办学指导思想，教学大纲和教学评估标准要有正确的思想导向，要把德育贯穿在教育的全过程，落实在教学、管理、后勤服务的各个环节上。"[①]1995年，国家教委颁布《中国普通高等学校德育大纲》进一步指出，"要发挥各科教学中的德育功能，结合教学相关内容和各个环节，有机地对学生实施德育。"[②] 这是我国第一部全面系统规范高等学校德育工作的大纲，该大纲的颁布和实施对思想政治教育的建设提出了更高的要求。此后，中共中央更加重视对中小学生以及大学生的思想政治教育在学科及课程中的渗透。

2000年12月14日，中共中央办公厅、国务院办公厅发出的《关于适应新形势进一步加强和改进中小学德育工作的意见》再次重申，"德育要寓于各学科教学之中，贯穿于教育教学的各个环节"[③]。2004年，中共中央、国务院下发的《关于进一步加强和改进大学生思想政治教育的意见》（中发〔2004〕16号）对"学科德育"理念做了系统概述，指出："高等学校各门课程都具有育人功能，所有教师都负有育人职责……要把思想政治教育融入大学生专业学习的各个环节，渗透到教学、科研和社会服务各个方面。要深入发掘各类课程的思想政治教育资源，在传授专业知识过程中加强思想政治教育，使学生在学习科学文化知识过程中，自觉加强思想道德修养，提高政治觉悟。"[④]

（三）从学科德育到课程思政

进入21世纪，随着我国社会的快速发展，大学生在很多方面都出现了新的特征，这就要求思想政治工作要坚持党的思想路线要与时俱进，要有创新精神。

[①] 中共中央关于进一步加强和改进学校德育工作的若干意见[J]. 中国高等教育，1994（10）：5-8.

[②] 中国普通高等学校德育大纲[J]. 中国高等教育，1996（02）：4-7.

[③] 中共中央办公厅国务院办公厅关于适应新形势进一步加强和改进中小学德育工作的意见[J]. 甘肃政报，2001（03）：8-11.

[④] 中共中央国务院发出《关于进一步加强和改进大学生思想政治教育的意见》[J]. 云南教育，2004（33）：25-27.

因此，《国家中长期教育改革和发展规划纲要（2010—2020年）》确立了育人为本的教育方针和德育为先的战略主题，指出"要把德育渗透到教学的各个环节，增强德育工作的针对性和实效性"[①]。"学科德育"理念提出后，上海市教育部门着手实施"两纲教育"，即《上海市学生民族精神教育指导纲要》和《上海市中小学生生命教育指导纲要》。这一举措旨在推动课程改革，以学科德育为核心，制定实施意见，构建全面的大中小学德育体系。在这个理念下，德育的核心内容将有机地融入每一门课程，社会主义核心价值观也将在各学科中得到全面、科学、有序的融合。同时，通过挖掘每一门课程的育人功能，教师的育人责任也得到了进一步强化。2014年12月29日，在第二十三次全国高等学校党的建设工作会议上，习近平总书记强调指出："办好中国特色社会主义大学，要坚持"立德树人"，把培育和践行社会主义核心价值观融入教书育人全过程；强化思想引领，牢牢把握高校意识形态工作领导权。"[②]

多年来，学科德育在"立德树人"方面起到了重要的作用，并取得了令人满意的效果。然而，高校在实践中逐渐认识到进一步发掘各门课程的育人功能以及调动教师的积极性的重要性。为此，2016年上海率先提出了课程思政的育人理念，旨在建立以"知识传授"和"价值引导"为核心的课程目标，并构建了"显性教育"（高校思想政治理论课）和"隐性教育"（综合素养课和专业课）相结合的课程体系，以挖掘专业课中的思想政治教育资源和价值。上海在总结经验的基础上，采取了一系列措施：一方面，积极制定综合素养课程建设的价值标准，通过加强政治方向和思想引领，突出综合素养课程的育人价值，在体制机制、课程设置、教师选聘和教学方式等方面进行强化；另一方面，努力制定专业课育人教学规范和评价标准，编制课程教学指南，并推广试点经验，力求凸显综合素养课和专业课的育人价值。这些举措将进一步提升高校的思想政治教育质量和效果。

2017年12月，教育部党组印发《高校思想政治工作质量提升工程实施纲要》，

[①] 《国家中长期教育改革和发展规划纲要（2010—2020年）》[J]. 实验室研究与探索，2017，36（12）：222.
[②] 史正江. 一个党建工作者的学习笔记[M]. 武汉：武汉大学出版社，2021.

明确指出要构建课程育人质量提升体系。①大力推动以课程思政为目标的课堂教学改革，优化课程设置，修订专业教材，完善教学设计，加强教学管理，梳理各门专业课所蕴含的思想政治教育元素和所承载的思想政治教育功能，融入课堂教学各环节，实现思想政治教育与知识体系教育的有机统一。可以说，该实施纲要为高校推进课程思政指明了着力点和突破口。

课程思政作为贯彻党的二十大精神的重要途径，具有重要的教育价值和意义。它不仅可以将党的理念深入人心，贯穿于学生的思想、情感和行为，还能引导大学生深入理解新时代十年伟大变革的重大意义。新时代的伟大变革是中国发展的重要历史节点，涉及经济、政治、文化等各个领域的重大变革和调整。通过开展课程思政教学，可以帮助学生深刻理解这些变革的深远意义，让他们认识到其中蕴含的历史机遇和责任。同时，课程思政还能引导学生深入理解习近平新时代中国特色社会主义思想的世界观和方法论。帮助学生深入理解这一思想的内涵和要求，进一步认识中国特色社会主义的本质特征和基本原则，深刻领悟发展中国特色社会主义的方向和路径。推进党的二十大精神融入课程思政是党和国家永续发展的政治要求，也是时代新人成长成才的时代要求。这不仅需要我们在课程思政中坚持学思用贯通，将党的理念、思想和方法贯穿于课程教学的方方面面，也需要我们坚持知信行统一，将学生对党的二十大精神的理解转化为实际行动。

二、课程思政的内涵

课程思政是一个政策概念，它是为了应对人才培养新形势而提出的关于课程教学的新要求和新方向，并被具体化为一系列新政策。在研究课程思政的本质内涵时，需要从其政策来源出发，进行政策文本分析和政策背景分析，以确保对其内涵的准确理解、方向性把握和与时俱进。

课程思政的内涵实质可以通过回归本源，即将课程思政生成的直接政策文本作为理论来源，来分析国家政策制定的依据和意图来确定。在理论和实践中，对于"思政"的属性、价值和内涵的理解存在差异。因此，需要从政策文本出发，

---

① 《国家中长期教育改革和发展规划纲要（2010—2020年）》[J]. 实验室研究与探索，2017，36（12）：222.

通过分析政策制定者的意图和目标，来确定课程思政的具体内涵。

课程思政作为一种教学行为，是高校课堂教学改革的重要目标之一。相较于传统的大学生思想政治教育，课程思政更加强调将教书和育人相结合，将思想政治工作融入课堂教学中。通过课程思政，学生可以在学习知识的同时，培养思想政治素养和价值观念。课程思政的核心是在课堂教学中开展思想政治工作。教师在教学过程中要引导学生思考和讨论，积极引导他们对国家、社会、个人发展等问题进行思考和思想交流。同时，教师还要注重培养学生的道德情操、社会责任感和创新能力，通过教学引导学生树立正确的世界观、人生观和价值观。

课程思政的培养目标与思政课程一致，即要培养学生成为社会主义建设者和接班人。课程思政的实施方向可以直接从相关政策文本中得到体现，要求各类课程与思想政治理论课同心协力，共同培养学生的思想政治素养。课程思政以"立德树人"为核心任务，与思想政治理论课相互配合，共同育人，以实现培养学生成为社会主义建设者和接班人的目标。

"立德树人"的"德"指的是对党的政治认同，即学生应当具备正确的政治立场和信仰。课程思政教学改革旨在为高等教育的"立德树人"任务提供服务，并通过政策文本的分析，得出"立德树人"所要培养的"人"是指社会主义建设者和接班人。然而，随着社会的发展和时代的变迁，接班人所应具备的"德"的属性也需要根据课程思政提出的特定社会背景和时代背景进行深入分析和把握。中国共产党一直强调教育要树立"大德"的问题，这表明高等教育"立德树人"的根本任务是培养政治理想坚定、拥护社会主义和中国共产党方针政策的建设者和接班人。为了实现这一目标，课程思政作为直接的教学载体，要求教师在课堂教学中将"大德"视为"公德"和"私德"的统帅，要求教师在教学过程中应将拥护社会主义道路、支持社会主义建设作为课程思政的道德教育的首要方向。

在当前社会主义建设的历史进程中，培养社会主义建设者和接班人的根本任务是确保他们拥护中国共产党的领导。课程思政应坚持核心价值观，通过教学内容和方法，引导学生树立正确的政治意识和价值观，增强对党的认同和支持。只有培养出这样的大学生群体，他们才能成为坚定的党员和社会主义事业的奋斗者，为实现中华民族伟大复兴的中国梦贡献自己的力量。同时，课程思政还要关注学生的思想品德培养，引导他们树立正确的世界观、人生观和价值观，注重培养他们的创新精神、社会责任感和国际视野，使他们具备综合素质和领导能力，为我国的社会主义建设做出积极贡献。通过课程思政，在大学阶段就为学生们的政治素质和道德修养奠定良好基础，培养他们成为具有理想信念、担当责任的社会主义建设者和接班人，为实现中华民族伟大复兴的中国梦贡献力量。

实施课程思政的过程中，重点强调高等教育"立德树人"的根本任务，即坚决拥护党的领导、培养社会主义事业接班人的政治目标。课程思政与一般德育教育有本质区别，它所体现的"立德树人"为"大德"，是在公德和私德基础上建立的。无论是应用型人才还是专业人才，都需要具备正确的政治方向和良好的政治品德。课程思政强调政治方向的思考和塑造，具有重要的本质内容和价值意义。课程思政的实施能够为学生们的政治素质和道德修养奠定良好基础，培养他们成为具有理想信念、担当责任的社会主义建设者和接班人，为实现中华民族伟大复兴的中国梦贡献力量。

在高等教育中，师德师风往往局限于教师的职业道德和个人品德，忽视了公德和私德的传统意义。尤其是一些专业如医学、艺术等，教师多来自社会从业者，缺乏教学经验和专业培训，导致他们只注重遵守法规和基本道德，忽视了课程思政教学的重要性，认为符合法律法规、无违反规定和准则就是良好的师德师风；认为能做好教学、传达精深学识就算是贯彻了素质教育；对外展现良好口碑并恪守师德和职业操守则是落实思想政治教育。一些高校的教学管理者认为，只要教师能够讲好课，就是在落实课程思政。但是，通过对课程思政内涵的深入分析，我们应强调课程教学中的政治认同教育功能，要求教师将教书与育人结合起来。教师不仅要讲好课、传授好知识，还要体现知识传授与运用方向的统一。在履行和维护师德师风的前提下，教师应加强对政治理论和课程思政的学习与培训，坚持党的领导，真正理解和信仰政治道路与政治体制。通过身体力行，潜移默化地影响学生，实现课程思政的"思政"隐性教育，使其成为一种无声的润物行动。

课程思政作为一种新兴的、综合的教育理念，近年来成为众多专家学者的研究热点，其中对其概念的界定也都有所不同。通过对大量文献资料的研读，学者们对于课程思政的内涵基本保持一致，尽管在表述上存在一定差异，但所表达的内涵与本质是相近的。课程思政不是简单地将课程与思想政治教育拼凑在一起，而是通过推进全课程育人建设，进一步实现"立德树人"的教育目标。它充分尊重各类课程的学科特性和教学规律，推动课程教育教学改革，提高学生的综合素质，增强高校思想政治教育的效果。课程思政的根本目标是努力培养德智体美劳全面发展的社会主义建设者和接班人。

与传统的思政课程相比，课程思政在外延和内涵上都经历了极大的拓展。传统的思政课程主要由思政课任课教师通过讲授基本理论课程，来引导学生树立正确的世界观、历史观和人生价值观。然而，课程思政的外延不仅包括思政课教师，还涵盖了高校其他教师、管理人员和相关工作人员。这些教师和人员在其他课程的授课和日常工作中都要发挥教书育人的作用，承担起培养学生的思想品质和社会责任感的重要责任。而在内涵上，课程思政更加丰富多样。除了传统的"三观"教育外，还要将中国特色社会主义发展中的最新理论成果带进课堂，及时传达相关时事政策给学生。在教育理念上，要实现教育的"八个统一"，即坚持政治性和学理性相统一；价值性和知识性相统一；建设性和批判性相统一；理论性和实践性相统一；统一性和多样性相统一；主导性和主体性相统一；灌输性和启发性相统一；显性教育和隐性教育相统一。作为全新教育理念的课程思政，是指通过将思想政治知识渗透到更多的课程中，从而达到学生思想政治水平全方位提升的目的，实现思政教育成效最大化。

高校肩负着培养新时代社会主义建设者和接班人的重责。为了实现"立德树人"的根本任务，高校引入了课程思政的理念。课程思政不仅仅是传授学科专业知识，更重要的是通过广泛展开政治认同教育，培养学生对中国共产党领导的拥护与认同。这样的教育方式使得课程思政能够与传统的思想政治理论课程同向同行。具体展开涉及两个方面：首先，在课程内容上实现深度结合，将各类专业课程和思政课程的知识内容及附带的教育教学资源充分挖掘和整合。通过丰富化、通俗化和可视化的建设，使课程内容更加生动有趣，贴近学生的实际需求和学科发展的前沿。其次，高校一线教师是课程思政建设的主要推动力量。他们承担着课程思政建设的"前沿阵地"的重要角色，需要转变思想观念，坚定课程思政建设的信念。教师德育思政方面的教育培训是必要的，以提升教师的政治素养和教学能力。同时，加强不同专业课程之间的协同效应，培养教师间的团队合作精神和沟通协调能力，使课程思政能够在整个课程体系中形成有机的融合。

第三节 课程思政的原则与特征

一、课程思政的原则

课程思政将思想政治教育纳入到专业课程之中，发挥思政的引导作用，实现"立德树人"的基本目标。遵循相应的原则是坚持正确方向开展课程思政建设的基础和前提，学校课程思政建设应恪守以下原则：

（一）合规律性

合规律性是指课程思政建设育人目标的实现必须符合客观规律，力戒简单化、一刀切，讲求科学性。课程思政实践要符合思想政治工作规律、符合学生成长发展规律，从学生思想实际出发，引导他们树立正确的价值观。具体而言，课程思政建设与实践应遵循以下三个规律：

1. 遵循学生身心成长规律

所有教育教学活动的起点都是学生认知特点、价值观现状、需求与期待，归宿都是促进学生成长发展。课程思政建设要遵循学生的身心发展规律，教学活动的组织设计与实践均要以研究学生的群体特性与个性发展需求为前提，满足他们对价值观引导以及丰富精神世界的需求。遵循这项规律必然要求教师针对不同专业、学段的学生，以其思想政治现状与特点为出发点，有针对性地开展思想纠偏与价值观塑造工作。

2. 遵循教书育人规律

教书育人规律是指在教育者引导受教育者成长发展的过程中，教书与育人之间存在着内在、本质的紧密联系。教书和育人在性质、目标和内容上相互依存，是教书育人的基础和动态发展的基石，也是最为重要的本质联系。

课程思政的建设是按照教学的规律进行的，这就要求教师要把知识的传授、技能的培养和价值的引导相结合。知识传授、能力培养要有价值引领,知识与能力承载价值。育人以教书为载体,教书以育人为导向和目的。教书育人规律要求教师在课程思政教学实践中以学生为本,热爱、关心学生,与学生平等相处,坚持科学性与价值性相结合的原则,不仅帮助学生学会"做事",而且要有意识地引导他们学会"做人",改变原先只教书不育人的认识误区和做法。

3. 遵循思想政治工作规律

思想政治工作的一般规律是人的思想行为活动规律。思想政治工作过程的基本规律包括教育者与受教育者双向互动规律、内化与外化辩证统一规律。

课程思政作为高校思想政治工作的重要组成部分,在具体建设和实践中要在侧重知识传授与能力培养目标的基础上,正确处理教师主导与学生主体的关系,在完成知识、能力培养这些"硬核"教学任务的过程中帮助学生形成正确的情感、态度、价值观和行为方式,使学生在现实生活实践中检视和认同相应的价值观,做到知行合一。

(二)以德育为先

德育是高校教育的灵魂所在。因此,国家对高校进行学生培养的任务进行了明确规定,要求教师的教育教学活动围绕"立德树人"展开,重视德育教育,将德育作为高校人才培养的首要任务。在课程思政建设中,坚持以德育为先的原则至关重要。教师在教学过程中注重培养学生的道德品质和人文素养,帮助他们在学术知识的同时,树立正确的价值观和人生观。这种以德育为先的教学方法能够促进学生全面发展,培养他们的社会责任感和创新能力。而教师的德育教育水平和教育观念将对高校的办学性质和方向产生决定性的影响。

在课程思政建设中,坚持以德育为先的原则至关重要。德育的导向和保证作用对高校其他教育具有重要影响。高校各类课程都应重视思想政治教育,将其作为德育的核心内容。这意味着思政教育不仅仅是一门课程,而且是贯穿整个教育过程的重要指导思想。

德育在教育中具有重要的导向和保证作用。课程教学的理念设置对受教育者具有引导性作用。坚持德育为先的原则,在各类课程的理念设计中发挥着关键的作用。在课程思政建设中，坚持德育为先的原则可以引导受教育者形成正确的思想政治观点和道德观念，并为未来从事政治、经济实践提供方向性指引。这种教育方式能够培养具有良好道德品质和社会责任感的高素质人才，他们将成为推动社会发展和国家建设的中坚力量，为社会进步和国家繁荣做出重要贡献。因为学生在接受知识的同时，逐渐内化于心、外化于行。在教学过程中，教师坚持德育为先原则，对学生的个人品行和行为起到导向性的作用。教师的言传身教、言行一致的行为示范，教师的德育引导能够确保高校的办学方向与社会主义价值观一致，同时也满足新时代对大学生思想品德发展的要求。

另外，在课程思政建设中，坚持德育为先原则并不是要以德代智或牺牲其他方面的发展。相反，它强调德育在教育中的引领作用，将知识传授与价值引领统一起来。德育为先要确保德行教育对其他方面的教育产生积极影响，并在课堂教学中实现德育的潜移默化。课程思政建设的目标是培养德智体美劳全面发展的人才，贯彻全国高校思政工作会议的精神，以国家教育思想为指导，实现"立德树人"的教育目标。

（三）以人为本

就服务专业人才培养目标而言，课程思政建设不仅要体现本专业、本学科学习所涉及的知识传授、能力培养目标，而且要将价值塑造融入其中。以往，专业人才培养方案往往侧重于对知识传授、专业技能培养方面的要求，且就所涉及的具体课程、培养路径与方法等进行了详细说明，但忽略了对学生价值引领和精神塑造方面的要求，导致培养目标设置中对学生思想观念方面的引导不明确、不具体，甚至缺位，即使涉及价值塑造方面的要求，也以"高素质""健全人格"这类抽象、模糊的词语来表达，相应地，对该方面的培养要求在学科建设、教学大纲、教学内容与方法中也就难以真正落实。

开展课程思政建设工作就要求将价值引导融入专业人才培养目标之中，且与专业知识传授、技能培养融为一体，始终围绕专业知识传授、专业技能培养，以培养从事各行各业的专业性人才作为目标导向，在专业人才培养过程中根据专业人才基本要求，有侧重地培养和塑造学生某些方面的价值观。就服务学校人才培养目标而言，课程思政建设要按照学校类型和人才培养要求体现不同类型高校的办学特色。我国高校分为综合型、专业型、技术型等类型，各类型高校在培养人才方面的目标与要求也各不相同。高校在开展课程思政建设过程中要紧紧围绕学校的人才培养目标，分门别类地确定不同的育人目标。例如，农学类院校就应以培养知农爱农的创新人才为目标，引导学生把强农兴农作为自己的使命，增强为农业农村现代化、乡村全面振兴服务的使命感和责任感；师范类院校应以培养"四有"好教师为育人目标。高校以及各个专业的人才培养目标，其根本目的就是要培养"德智体美劳"全面发展的社会主义建设者和接班人，这就是以人为本的办学理念。

课程思政建设是落实"立德树人"教育和健全"三全育人"体制机制的重要途径。它的目标是培养具备社会主义建设者和接班人素质的合格人才。在这一过程中，课程思政建设必须坚持以人为本的原则。教师应将学生放在教育的核心位置，注重推动学生全方位的发展。以人为本原则需要将教育目标与学生发展紧密结合，在课程思政的实施中，体现出以学生为中心的教育理念，教育活动贴近学生实际，实现学生的全面发展。以学生为主体的教育重视学生成长，提供良好的教育环境，促进他们对知识的探索与正确价值观的形成，推动学生全方位的成长和发展。

课程思政坚持以人为本的原则，这一原则的理论依据是马克思主义关于人的全面发展理论。马克思主义认为，人的全面发展要求在精神和身体、个体和社会等方面得到充分而自由的发展。同时，人的发展也受到社会条件的制约和影响。课程思政中的"立德树人"任务是回答"应当培养什么样的人"的问题，这与当前我国社会的发展要求密切相关。在新时代背景下，我国需要培养德智体美劳全面发展的社会主义建设者和接班人。也就是说，要成为精神和身体、个性和社会性都得到充分发展的有用人才，同时也是与社会发展方向相一致，与新时代我国的发展特点相结合，能够担当起民族复兴大任的时代新人。

课程思政中的"立德树人"教育是对教育本质的深刻阐释。它以人为本，将学生置于教育的中心地位。"立德树人"教育以建构主义学说为指导，深入了解学生的发展潜力和个体差异，努力促进他们在德、智、体、美各个方面的全面发展。在教育过程中，教师扮演着重要角色，他们需要明确自身的职责，发挥对学生的价值引领作用，同时引导和组织实施课程思政建设。在"立德树人"教育中，教师与学生共同探索、互动和成长，以实现学生个体发展和社会责任的双重目标。通过"立德树人"教育，能够培养具有优秀品质和社会责任感的新一代人才，为社会的进步和发展做出积极贡献。

以人为本的原则还需要归结到教育目标上。高校教育要明确"为谁培养人"的问题，教育目标必须明确服务于谁。高校培养的人才需要全面发展，成为能够为社会主义建设作出贡献的接班人和建设者。社会主义建设的最终目的是为人民服务，因此，高校应该培养能够推动社会主义建设的人才。教师在教学过程中应始终坚持以人为本的原则，关注每个学生的个体差异和发展需求，促进他们全面成长和实现自身价值。高校教育的目标是满足人民对幸福生活的需求，为社会主义建设提供有力支持，为人民群众的利益和福祉服务。只有坚持以人为本的原则，高校教育才能真正发挥作用，为社会主义事业培养出更多优秀的人才。所以，教师在教学过程中始终要坚持以人为本的原则。

（四）整体设计

课程思政所涵盖的范围包括各门课程、全体教师以及全过程的育人工作。课程思政建设是一个事关全局、全程、全方位的过程，要坚持整体设计原则。各类课程之间是一个整体，为了解决学科之间各自为政的问题，课程思政建设应逐步推进，以确保各类课程在育人目标和方向上的一致性。同时，全体教师需加强学科交流，发现课程中蕴含的德育资源。另外，全过程的育人要求课程思政建设不仅关注课堂育人，还要充分发挥实践、科研以及校园环境等育人要素。以整体性的视野开展思想政治教育，首先要对各类课程中的思政元素进行有效挖掘和整合。教师必须明确影响课程思政的因素是什么，也就是要确定起思政建设的每一个因素。在此基础上，才能发挥出这些因素的整体性作用，推动课程思政的有效实施。要把做人做事的基本原则、社会主义核心价值观的要求和民族复兴的历史任务作为课程思政的核心内容，把这三个方面的内容融入各种课程的目标设计之中，使之符合大学课程思政建设的总体目标。

在课程思政建设中，应坚持整体性的原则，不仅要充分运用课堂教学对学生进行思想政治教育，而且要发挥好学校环境建设诸如校园文化、校风等育人作用。高校的文化环境能够对学生起到隐性教育的作用，加强校园文化建设，充分利用校园环境，如宣传牌、建筑设计等，可以使之成为学生道德教育的有益手段。此外，学校的校风建设对于课程思政建设具有重要的助推作用。通过结合课程思政的内容，宣传和推广那些能够促进课程思政的良好校风案例，为学生提供明确的价值遵循和行为指导。同时，学校还可以成立专门的社团，通过在教室的黑板上更换名人名言的方式，引导学生形成正确的价值观，实现潜移默化的德育教育。学校的校风建设和课程思政建设应该相互融合，共同促进学生全面成长，塑造他们积极向上的人生态度和道德品质。只有通过校风建设的力量，才能在课程思政中实现更加深入的教育效果。

课程思政的教育目标是为社会主义建设培养有用的人才，所以，要遵循整体性的原则，在学校、家庭和社会三个层面上形成一种教育合力，使之成为一种适应时代发展的人才。在学校中，学校对学生道德修养直接培养，而社会则是学生道德修养的检验媒介。

高校课程思政建设需要家庭的辅助作用，家长作为学生的第一任教师，承担着传递良好家风的重要责任，通过家庭教育的方式和实践，为学生树立正确的价值观和行为准则，为学校的思政教育提供有力支持。同时，高校也应加强与企业的合作，开展实践教学和社会实践活动，让学生更好地接触社会，锻炼各方面的能力，从而使他们在实践中检验和应用所学知识，培养社会适应能力和创新精神。此外，利用社会资源如博物馆、纪念馆等，开展德育教育，通过参观和学习社会历史文化，引导学生树立正确的道德观念和行为规范。高校课程思政建设要全面发力，依靠家庭和社会的力量，共同为学生提供全方位的培养和"立德树人"的教育，为他们的成长和未来奠定坚实的基础。

（五）有机融入

课程思政不仅仅是课程和思政的简单叠加，而是要在课程中有机融入价值观塑造元素，以实现二者的融合，默默地滋润着学生的内心。所以，在课程思政建设时，要坚持有机融入的原则，要对各类课程与思政课之间的关系有一个清晰的认识，并明确各类课程不能代替思政课，要始终发挥思想政治理论课程的主渠道作用；使课程思政对思政课程的育人目标起到有效的促进和补充作用；明确各类课程与思政课程的育人方向是一致的，做好各类课程与思想政治理论课的有效衔接，使各类课程发挥思想政治教育作用。

为了保持各类课程与思政课程的一致方向，需要有效结合各类课程的教学理念和思政课程的教学理念，使教师明确教书旨在进行"立德树人"教育。要将"立德树人"的教育理念融入各类课程，确保各类课程的政治、文化、育人方向与思政课程一致。

高校在思政教育中将其他各类课程与思政课程有机融合，关键在于明确培养人才的目标和受众。以培养具有新时代特点的青年人为目标，通过课程思政与思政课程的一致性，努力培养有理想、有本领、有担当的青年。有机融入的原则是解决各类课程与思政课程共同育人的问题，通过相互促进、相互补充，发挥各类课程在思政育人中的作用。例如，由长沙理工大学所编撰的《机械类专业"课程思政"案例》将思政教育元素融入机械类专业教学中，为课程思政提供了范例。通过创新教育理念，将思政教育思想融入教育策略中，实现各类课程的合力，推动课程思政的有效实施。[①]

高校一直将思政课程作为对大学生进行思想政治教育的主课程，然而当前的思想政治教育面临边缘化和孤岛化的困境。单纯依靠思政课程来实现大学生"立德树人"教育的力量是薄弱的。因此，在课程思政建设中，需要善于发掘各类课程中的思想政治教育资源，结合各类课程的特点，以学科理论知识为基础，有机地融入思想政治教育元素。这样才能实现各类课程与思政课程的合力育人，提升思想政治教育的效果。

（六）特色发展

特色发展原则要求高校在进行课程思政建设时，要根据自身的特点、地域特色、校训、培养目标、办学理念等因素进行选择和设计，实现"一校一特色"。

---

① 杜荣华，刘绍勤. 机械类专业"课程思政"案例[M]. 长春，东北师范大学出版社，2019.

在课程思政的开展中，需要结合当地的文化，展现独特的地域特色。党中央高度重视地方特色文化，提出了创造性转化、创新型发展的战略，这为高校思政教育提供了丰富的资源。举例而言，湖南高校可以将湖湘文化融入思政教育中，通过推进文化育人的方式，促进课程思政建设。特色发展原则可以通过课程教学、社会实践、讲座等多种方式具体实施。

特色发展原则要求高校在开展课程思政建设时根据自身特点进行选择，并从中发掘思政要素。举例来说，上海外国语大学的马院教师将英文与思政课程相融合，通过全程用英文授课的方式，不仅提高了学生对思政课的兴趣，还促进了他们英文学习的进展。因此，高校在推进课程思政建设时必须清楚认识到自身的特色，注重发挥优势和资源的运用。不同高校具备不同的学科优势和特色，通过挖掘和整合这些特点，可以更好地实施课程思政，使其更贴合学生的实际需求和学科发展的方向。

特色发展原则要求每个学院在课程思政建设中发挥自身的独特特色。学院的专业课程教育目标各有不同，因此，在推行课程思政时应根据学院特色进行有针对性的探索。以学院为主体，以教研室为单位，对课程内容和教学方式进行革新研究。学院应制定适合自身开展课程思政的具体对策，为教师提供标准和规范要求，发挥学院在课程思政中的引领作用。各级学院可以通过科研竞赛和其他形式的活动，探索推进课程思政建设的有效方式。通过这样的努力，学院将能够更好地发挥自身优势，实现对课程思政的方向引领。

人的思想观念的形成和发展受多种因素的影响，因此，育人是一件涉及面非常广的工作。课程思政作为高校"立德树人"的重要抓手，遵循合系统性原则，就是要求重视人、环境、教育的相互作用，使这些因素形成合力，有效帮助学生成长成才。这两者的协同一方面能够帮助专业课教师在课程思政建设的过程中，更为准确地理解思想政治教育及其基本要求，充分利用所授课程的思政教育资源，合理组织和设计课程教学，构建专业课思政育人与思政课育人的共振，增强育人实效；另一方面有助于确定和厘清思政课与专业课在育人方面的共性与区别，避免出现专业课演变为思政课的问题。课程思政建设不能仅仅局限于课堂教学与校内育人，还应将教育教学工作延伸至课外、校外，实现课内外、校内外课程思政实践的有机衔接，塑造全员育人的格局，创造一个良好的育人环境，并不断加强育人的效果。

因此，要促进高校的课程思政建设，就必须充分发挥学校的优势，并结合当地的地区特色，充分利用现有的思想政治教育资源，拓宽教师的教育视野，对学生进行有效的思想政治教育。

二、课程思政的特征

课程思政不是课程与思政的简单相加，而是通过挖掘和整合课程中蕴含的思想政治资源，将其融入教学过程中，实现二者的水乳交融，润物无声地进行思想政治教育。这种教育行为具有潜隐性、融合性和整体性三大特征。

（一）潜隐性

课程思政是一种隐性的思想政治教育。隐含思想政治教育是指在特定的社会实践活动中进行，不是受教育者关注的焦点，是一种存在的思想政治教育类型。课程思政的这种潜隐性教育特征主要表现在两个方面。

一方面，思政元素、思政资源隐藏和渗透于专业课程、通识课程、实践课程等课程的相关教材和教学内容中。有的学者认为，在其他学科尤其是社科类的学科中，也存在着大量的思政因素，如以哲学和社会科学为中心的学科。专业课和通识课的重点是培养学生的专业能力和通识素养，它们所教授的是显性的知识，但是，它们所蕴含的思想政治教育资源却是看不见的、潜在的、隐性的。由此可见，教师要主动梳理专业知识和通识知识中隐藏着潜在的思政元素，并在讲授学科知识的过程中潜移默化地传授给学生。

另一方面，学科任课教师的教学方式是润物细无声的。课程思政与思政课程同向同行，协同育人，要求每一科的专业老师都能积极地挖掘出自己所教的课程中的思想政治要素和资源，从而达到对大学生进行思想政治教育的目的。这里需要注意的是，任课教师如何利用这些思政资源对学生进行教学。

高校各学科教师在传授课程知识时，通常采用显性教学方式，但在传达思政元素时应采用隐性教学方式。这种隐性方式对学生来说是一种无意识的过程，但对教师来说却是经过精心策划的有意为之。教师将思政内容巧妙地融入所讲课程中，达到寓教于无形的状态。在学习专业知识和通识知识的过程中，学生更容易接受教师对其进行的隐性思想政治教育，引发情感共鸣，从而有助于将所学的思政内容转化为内心的理想信念，并最终通过实际行动来展示。这种隐性教学方式能够有效促进学生的全面发展，培养正确的价值观和社会责任感，让他们成为有思想、有情感、有担当的社会栋梁。

（二）融合性

课程思政的融合性不仅将知识传授与价值引领相结合，还将思政元素和思政教育资源融入各类课程中。这种融合性使得思政元素与课程的知识内容紧密相连，相互联系，不可分割，形成了一体化的教学模式。

因此，在教学过程中，教师不仅要传授学科知识，还应注重价值引领。对于文史类学科来说，它们更贴近思政课，能够更方便地挖掘出思政元素，如人文精神、审美情操等，以及用马克思主义的观点和方法看待和解决问题，从而帮助学生树立正确的世界观、人生观和价值观。而对于理工类学科来说，虽然与思政课的知识有一定差距，但它们所蕴含的科学精神、探索精神、创新精神和严谨求实精神却与思政教育内容相辅相成。因此，挖掘思政元素要赋予学科知识价值引领，使其在教学过程中更加立体化。同时，思政教育依托学科知识，以学科知识为依托来加强思政教育的力度。在价值引领和知识传授的相互促进中，课程思政可以产生良好的育人效果。此外，课程思政的融合性还体现在教学目标、教学过程和教学方法的融合上。

在教学目标方面，各类课程的教学都应统筹考虑大学生的需求、社会现实的需求以及学科内外逻辑需求等，其最终目的都在于使道德认知、道德情感、道德意志、道德信念、道德行动相结合。

在教学过程方面，各课程注重将知识教育与思政价值引领相结合，旨在培养具有道德高尚、智慧渊博、体魄健康的社会主义建设者和接班人。合成课程将情感领域（情绪、态度、价值观）与认知领域（理性知识和能力）有机地整合，将情感因素融入课程中，赋予学习内容更个人化的意义。

在教学方法方面，各类课程应该采用改良过的、有机融合的教学方法，以提升课程的教育性。不同课程具有不同的性质，因此体现思政教育的教学方法也会有所差异。有些课程可能采用全面灌输式的教学方法，将思政内容直接传递给学生；而有些课程则更注重因材施教，采用个性化的教学方法，根据学生的特点和需求进行针对性的教学。

（三）整体性

相对于点、线式的思政课，课程思政更多地体现了一种整体的课程理念，具有更强的综合性和全面性，强调全方面、全局、全过程对大学生进行思想政治教育，具有显著的整体性特征。以前，高校由于没有整合各方面教育力量，几乎只有思政课承担对大学生进行思想政治教育的重任，这很容易形成思政课单兵作战的孤独局面。如今，课程思政教学理念的推广有利于缓解这种现实困境。个体的成长与环境密不可分，他们处于相互联系和相互作用的系统中。这个系统包括社会、学校、家庭等各个方面，对个体的发展产生重要影响。课程思政建设，需要树立系统论观念，强调整体性原则，并通过协同合作调动社会、学校、家庭等各方力量。高校的各学科、各部门需要共同协作，与思政课紧密配合，共同推动育人目标的实现。

课程思政的整体性是指各教学主体之间相互配合，共同构成一个整体，从而起到育人的作用。课程思政教学理念要求各类课程的任课教师进行隐性的、渗透性的思想政治教育，与思政课教师同向同行，帮助大学生健康成长成才。各学科任课教师在教学中发挥了重要的"立德树人"作用。虽然他们的教学内容各不相同，但通过自己的方式和方法，他们都在无形中进行着思想政治教育，与思政课教师形成有力的合作。他们共同努力，最终培养出具备社会主义建设者和接班人素质的学生。从另一个角度来看，高校的通识课程、实践课程、专业课程等课程中也融入了思政的资源和元素，共同发挥作用，形成了全面培养学生的育人整体。这样的合作和融合使得思想政治教育更加全面和深入，为学生的综合素养和社会责任感的培养提供了有力支持。

除了思政课，其他课程也具备丰富的育人资源，可以帮助学生树立正确的世界观、人生观和价值观。通识课和专业课应共同发掘这些资源，与思政课形成协同作用，共同实现"立德树人"的任务。课程思政是一种整体性的课程观念体系，通过不同教学主体的引导和充分利用思政教学资源，实现与思政课一致的育人目标。通过课程思政的实施，各类课程共同发挥思政教育作用，培养学生的思维方式和解决问题的能力，最终实现"立德树人"的根本任务。

总而言之，课程思政是一种综合的课程理念体系，它可以在不同的教学主体的指导下，对思政课中的各种思政课资源进行挖掘，从而达到与点、线两种思政课一致的育人目的，从而使思想政治教育的功能得以充分发挥，使"立德树人"这一基本任务得以落实。

第四节　课程思政建设的意义与必要性

一、课程思政建设的重要意义

为改善和加强高校思想政治工作，提出了课程思政理念，以履行教书育人的主体责任，确保全员、全过程、全方位的育人要求，有助于全面提高高校思想政治工作的水平和质量。加深对课程思政的内涵定位、育人为本导向和问题导向等的认识，系统规划课程思政的生成路径，这对于高等学校坚持社会主义办学方向，培养出一批德才兼备，全面发展的人才，有着十分重要的意义。

教学离开了德育，就成了一件毫无意义的事情；德育离开了教学，也就成了无用功。德育方面应致力于改变简单的、粗暴的、直接性的德育方法，采取渗透到各学科和整个学校生活中的间接性德育方法。课程思政不仅体现了这一教育观点，而且结合中国特色社会主义高校对人才的培养需求，提倡将知识传授与思想政治教育融合在一起，创造一种全新的育人的模式。

课程思政的重要意义在于实现了知识传授与思想政治教育的有机融合。通过融合相关专业知识与价值引领，不同学科的育人功能得以发挥，实现了知识传授与价值引领的双重目标。同时，课程思政对高校思想政治教育的丰富和拓展起到了积极的推动作用。将思想政治教育融入各类课程，不再局限于传统的思政理论课，为思想政治教育赋予了更广泛的内涵与外延。这种变革不仅丰富了思想政治教育的内容体系，也增强了教育的吸引力和感染力。课程思政的实施进一步推进了思想政治教育的发展，突破了传统教育方式的束缚，形成了更加科学、系统的教育体系，以满足大学生全面成长与发展的需求。通过课程思政，学生在各学科的知识与方法中深入思考，培养了独立思考和价值判断的能力，塑造了正确的人生观、价值观和社会责任感，成为具有综合素养和社会影响力的优秀人才。

实施课程思政可以促进高校思想政治教育的发展和提升。推动思想政治教育向现代化转型，核心之处在于其明确坚持"育人为本"的导向。在"育人为本"的导向下，推进课程思政的教育教学改革，需要从学科、教材、教学、管理等方面做好规划和引导。

首先，从学科上而言，课程思政要重视哲学社会科学的育人功能，正如习近平总书记所言，"高校哲学社会科学有重要的育人功能，要面向全体学生，帮助学生形成正确的世界观、人生观、价值观，提高道德修养和精神境界，养成科学思维习惯，促进身心和人格健康发展"[1]，从而指明了高校哲学社会科学是为了培养学生理想信念、道德情操、法律意识和生活态度等方面的重要功能。正是由于哲学社会科学与思想政治教育具有相同的发展方向，因此，它为课程思政的实施提供了良好的条件。哲学社会科学在高校中是思想政治教育的重要支撑和有力力量，也是推进课程思政教学改革的重要组成部分。这一事实明确了高校哲学社会科学的使命和责任，并清晰地阐述了哲学社会科学在育人方面的基本内涵。

其次，从教材上而言，应加强教材编审，推进课程思政教育教学改革，必须推进教材体系的相应发展。比如建立一系列立场正确、内容科学、体系完整、特色鲜明的核心教材，以充分适应中国的国情和社会发展的实际需要，符合社会主义核心价值观，同时，建立统一教材的编订和管理制度，确保教材的质量。

最后，从教学上而言，应制定完备的教学指南，明确相关专业课的价值教育内容是课程思政教育的重要要求。高校应该明确各学科、各类课程在思想教育和价值引领方面的责任，并制定清晰明确的教学大纲和教学指南。在保持课程差异

---

[1] 胡绍红. 大学生思想政治教育研究 [M]. 北京：研究出版社，2020.

性的前提下，吸取思政课的教学经验，将哲学社会科学课程与思政教育教学方案融合，形成相应的教学指南，为课程思政的育人导向提供具体指导。通过这样的方式，各类课程能够真正参与育人工作，实现课程思政的理念和目标。

课堂教学是推进课程思政教育教学改革的核心环节。为了提升教学质量，需要加强课堂教学管理。首先，建立健全相关教学管理制度，明确将思想教育和价值引领纳入课堂教学管理。其次，不断改进课堂教学方式，完善理论与实践相结合的教学模式。通过加强实践教学环节，引导学生在理论学习基础上加强实践，深化对理论的认知和理解，并在实践中强化价值认同。此外，完善教学评价体系，将思想教育和价值引领纳入课堂教学评价和教师评价指标，以促进教学质量的提升，推进课程思政教育教学改革实施。

教育部于2017年年底制定下发了《高校思想政治工作质量提升工程实施纲要》（教党〔2017〕62号），在阐述高校思想政治工作的基本原则这部分内容时，指出新时代高校思想政治工作原则之一是："坚持问题导向，注重精准施策。聚焦重点任务、重点群体、重点领域、重点区域、薄弱环节，强化优势、补齐短板，加强分类指导、着力因材施教，着力破解高校思想政治工作领域存在的不平衡不充分问题，不断提高师生的获得感。"[1] 在此原则指导下，课程思政亦坚持问题导向，重点破解课程思政所面临的各类困境。

从现实性而言，课程思政是一种创新性的教育理念，旨在解决思想政治理论教育的难题。它超越传统的思政理论课，将思政教育融入各学科课程中，以培养人为核心目标。通过将思政教育与其他学科有机结合，课程思政能够为学生提供更广泛的知识和视野。不同学科的教师和教学资源相互合作，共同育人，形成育人的力量。这种整体性的课程观能够促进学生全面发展和成长，为"立德树人"的任务提供有力支持。从教学目标而言，课程思政积极探索构建思想政治理论课、综合素养课程和专业课"三位一体"的思想政治教育教学体系，使各类课程与思想政治理论课形成协同效应。此外，在课程思政理念的引导下，各类课程都要能发挥不同的育人功能。如作为高校思想政治教育的主要渠道，思想政治理论课需

---

[1] 教育部发布《高校思想政治工作质量提升工程实施纲要》[J]. 高等职业教育探索，2017，16（06）：33.

要承担系统化开展马克思主义理论教育教学的核心任务。而综合素养课等综合素养课程则强调在培养人的综合素质过程中巩固理想信念的重要性，传承中华优秀传统文化，提高学生的人文内涵；而哲学社会科学和自然科学课程则作为专业课，在其具体的专业知识等的教育中凸显价值引领和人格塑造功能。各门课程的协同发展在实现育人目标和倡导新的思想政治教育观方面起着相辅相成的作用。

二、课程思政建设的必要性

（一）实施国家政治价值分配，确保社会主义办学方向的内在需要

国家是不可调和的阶级矛盾的产物，同时也是实现阶级统治的手段。在阶级社会中，统治阶级凭借其经济政治实力控制着精神生产资料，进行思想的生产、加工、分配。国家需要也必会将一定的政治价值观灌输和传导给社会个体，以促使其形成符合一定阶级利益和国家发展需要的个体政治价值观念，从而维护、巩固国家统治利益。对此，马克思、恩格斯指出："统治阶级的思想在每一时代都是占统治地位的思想。这就是说，一个阶级是社会上占统治地位的物质力量。同时也是社会上占统治地位的精神力量。支配着物质生产资料的阶级，同时也支配着精神生产资料。"[1] 因此，统治阶级需要，也必然会通过宣传、教育等路径实现国家主导政治价值的灌输与分配。其中，学校教育是一种将与控制物质与非物质财富的统治阶级的价值、利益、关注点相一致的文化表象化及付诸实践的过程。

我国高等教育承载着为社会主义现代化建设培养人才的历史使命和社会责任，其根本宗旨是通过教育活动促进人的全面发展，提升人的整体素质。而在人才素质结构中，政治素质是首要的，也是最为核心的，因为它关乎为谁服务、为谁培养人的问题。我国社会主义教育就是要培养德、智、体、美、劳全面发展的社会主义建设者和接班人[2]，而有效实现社会主义意识形态和政治价值的分配成为当前高校面临的一项重要任务。

在学校教育中，课程是表现政治性意识形态化过程的政治性教科书，而教育

---

[1] 朱国圣，林枫. 马克思主义新闻观研究 [M]. 北京：新华出版社，2010.
[2] 李智慧. 高校思想政治教育有效资源开发利用研究 [M]. 北京：旅游教育出版社，2022.

实践被重新定义为这种意识形态化过程中围绕主导权的政治性实践。质言之，课程教学是实现政治价值分配、确保高校社会主义办学方向的主阵地、主渠道，除充分发挥思想政治理论课在系统性宣传贯彻马克思主义理论方面的优势外，我们有必要进一步挖掘其他各类课程的思想政治教育资源，释放各类课程的育人功能，使各类课程践行"立德树人"的教育宗旨。特别是在当前意识形态碰撞交流愈加频繁的时代，高校不仅要注重对学生进行知识和能力方面的培养，更要关注对学生进行思想引领和价值观的塑造。对此，习近平总书记强调："要从党和国家事业发展全局的高度，坚守为党育人、为国育才，把'立德树人'融入思想道德教育、文化知识教育、社会实践教育各环节，贯穿基础教育、职业教育、高等教育各领域，体现到学科体系、教学体系、教材体系、管理体系建设各方面，培根铸魂、启智润心。"[①]高等教育的人才培养体系包括教学体系、学科体系、教材体系、管理体系等多个方面，而贯穿其中的是思想政治工作体系。

课程思政作为高校思想政治工作的重要组成部分，通过课程体系建设，深化各门各类专业课程教学目标、内容、结构、模式等方面的改革，把政治认同、国家意识、文化自信等思想政治教育导向与各类专业知识、技能传授有机融合，使思想政治教育融入各门专业课的教育教学之中，把教书育人落到实处，最终使思想政治教育无形无色却又无处不在，有效地实现了政治价值分配，为中国特色社会主义事业培养合格的建设者和可靠的接班人。

（二）实现社会延续，政治制度再生产的必然要求

人不仅是个体性存在，更是群体性存在。人的本质并不是个体所独有的抽象存在，而是在现实中，它是所有社会关系的综合体。为了生存，人结成各种各样、大大小小的群体。其中，社会及产生于社会的国家是最为重要的群体。社会的延续与国家政治体制的再生产必然需要借助思想政治教育，当然包括以课程思政为表现形式的隐性思想政治教育将既定的社会共同意识、价值观尤其是政治制度及其运行规则、规范传授给社会成员。

社会是由一群个体聚集在一起形成的，追寻着相同的方向，拥有共同的价值

---

① 李智慧. 高校思想政治教育有效资源开发利用研究[M]. 北京：旅游教育出版社，2022.

观和共同的目标。这种共同的需求和目标需要不断加强思想上的交流和情感上的和谐。社会需要通过多种方式维护人们的共同利益，其中，一个非常重要的途径就是通过思想意识、价值观教育增强社会成员凝聚力，或通过教育的方式把社会成员团结在某种思想价值观念的周围。质言之，社会的延续、稳定、有序发展必然要求个体在关注社会发展的大多问题上达成共识。

高校作为传递社会主流价值观、行为方式和制度规范的重要机构，在促进社会存续、发展方面扮演着非常重要的角色。高等教育能够使社会成员，尤其是新生社会成员成为认同并恪守社会规范、价值准则和制度安排的"社会人"，最终实现社会制度和秩序的延续和发展。

国家是社会发展的结果，它在社会陷入无法调和的矛盾和对立面时应运而生。国家的存在是为了防止阶级和经济利益之间的冲突演变为毁灭性的斗争，提供调和并维持秩序的力量。尽管国家起源于社会，但它逐渐超越社会并与之异化，成为社会之上的力量。国家的使命是缓和冲突，将其限制在可控的范围内。国家通过管理和调控社会，维护社会的稳定和秩序，同时也保障人民的利益和福祉。国家作为社会的组织形式承担着重要的角色，但也受到社会的影响和制约。国家的存在和发展是社会进步的结果，是社会秩序和公共利益的重要保障。国家是一个产生于社会又凌驾于社会之上的、以暴力或合法性为基础的、带有较强抽象性的权力机构。以政府为核心的国家，其核心是政治稳定与发展，而要实现这一目标，必然要求通过思想政治教育将民主、法治、公正、平等、自由等制度安排和政治规范传递给社会成员，以实现政治制度的再生产。

毋庸置疑，高校在政治制度再生产中扮演着重要的角色。大学作为培养积极参与社会建设的高级人才的场所，所培养的人才是否具备一定的政治知识、明确的政治价值准则、清晰的政治价值判断能力、参与国家政治生活的积极态度和成熟的政治参与能力，关系着国家的前途和民族的命运。思想政治教育的重要性在于它通过教育的方式，向人们传递社会行为规范、价值准则和政治意识形态。这种教育的目标是培养人们形成共同的社会认知，使他们内化这些规范和准则为自己的信念，并外化为实际行为。通过这种方式，思想政治教育能够推动人们形成共同的行为规范、价值准则和意识形态，从而有助于建立社会的秩序和稳定。这使得思想政治教育成为推进社会政治制度再生产的必然选择和要求。课程思政作为隐性思想政治教育形式，在这方面具有独特优势，即它能将一系列价值规范、社会要求隐匿于专业知识教育过程之中，使学生在"不知不觉"中体会、领悟社会规范、价值准则和政治意识形态，继而形成社会政治共识，内化为信念、价值准则，外化为行为。

（三）推进协同育人，促进新时代大学生全面发展的有力保障

青少年阶段是人生的"拔节孕穗期"，这一时期人的心智逐渐健全，思维进入最活跃状态，最需要精心引导和栽培。青年阶段的大学生正处于价值观形成的关键时期，但由于他们就业压力大、就业期望值高，在日常学习生活中呈现鲜明的功利主义思想，对价值观方面的学习热情较低。不仅如此，全球化时代各种流行理论思潮，如大众文化、消费主义、价值相对主义、享乐主义、虚无主义、物质主义等甚嚣尘上，对学生产生了或多或少的消极影响。这必然要求高校对学生进行价值引导，以促进其在学习和掌握专业知识与技能的同时，提升德性修养，实现全面发展。而思想政治理论课与课程思政的协同发展，是实现这一工作任务的关键所在。

要用好课堂教学这个主渠道，思想政治理论课要坚持在改进中加强，提升思想政治教育亲和力和针对性，满足学生成长发展需求和期待，其他各门课都要守好一段渠、种好责任田，使各类课程与思想政治理论课同向同行，形成协同效应。"[1] 要坚持将显性教育与隐性教育相融合，发掘其他课程和教学方式中潜藏的思想政治教育资源，以达到全员全程全方位的育人目标。然而，长期以来，不少专业课教师认为，其教学工作的重心和根本宗旨是向学生传授相应专业理论知识和专业技能，育人工作不属于自身工作范畴，这导致专业课教师在教学组织设计与日常教学实践中轻视、忽视，甚至无视育人工作，将育人工作置于无关紧要的地位，最终造成思想政治工作与专业教育"两张皮"。思政课程处于"孤岛"状态，育人合力未能得到进一步加强，很大程度上弱化了高校"立德树人"成效。

---

[1] 吴晶，胡浩. 习近平在全国高校思想政治工作会议上强调把思想政治工作贯穿教育教学全过程 开创我国高等教育事业发展新局面 [J]. 上海教育，2017（03）：4-5.

推进课程思政建设有助于促进其与思政课程的协同发展，使学科建设更有深度，思政育人更有力度，破解当前高校思想政治工作"两张皮"问题。课程思政的实践体现了将教学、学生成长和思想政治工作有机地融合在一起。它不仅仅是把"立德树人"理念融入学校的各个领域和方面，更是通过建立一流的思想政治教育体系来引领人才培养体系的发展。这样的做法使得思政教育贯穿于教师的每个课堂和学生的成长过程中，真正实现了全面育人的目标。通过激发学生的潜能，课程思政旨在培养出优秀的人才，他们具备高尚的道德品质和卓越的智慧，能够成为社会的栋梁之材。

开展课程思政建设能有力改变当前专业课教师的认知模式，增进其对思政育人的理解和认同，提升其育人能力，破解专业课重智育、轻德育的局面，促使高校思想政治工作的协同发展，让各类课程与思政课程同向同行，为高校思想政治工作带来"环岛"的协同效应，促进学生德、智、体、美、劳全面发展。

第二章　高校课程思政建设的价值意蕴

本章主要阐述高校课程思政建设的价值意蕴，分别从三个方面进行详细的论述，即落实高校"立德树人"根本任务的战略举措、培养担当民族复兴时代新人的必然要求，以及创新高校思想政治教育发展的重要路径。

第一节　落实高校"立德树人"根本任务的战略举措

一、课程思政彰显了"立德树人"的时代要求

我国作为一个社会主义国家，拥有独特的历史、文化和社会发展道路，因此，高校的"立德树人"教育必须探索一条具有中国特色的发展之路。新时期，我国的高等教育改革正在不断深入，"立德树人"作为一项重要内容，对大学生综合素质培养发挥着不可替代的作用。唯有将高校"立德树人"工作的独特性，在不断的创新和传承中发扬光大，才可以真正为建设美好的社会主义国家增添光彩。

在高校"立德树人"的教学过程中，必须以学生的实际生活为基础，建立与时俱进的课程建设体制，按照实际生活情况，及时补充与调整课程体系，但是均需要结合"立德树人"教学目标。当前，我国高等教育事业正在不断改革，高校"立德树人"教学也正处在一个关键阶段，推进高校"立德树人"教育工作，需要在教材建设、学科教学体系创新、学术话语体系创新等多个方面不断努力。只有这样，才能为大学生提供更好的思想政治教育资源，使他们能够树立正确的人生观、价值观、世界观，成为德智体美劳全面发展的社会主义建设者和接班人。为了确保"立德树人"教学的顺利开展，需要在新的环境和发展状态下，对高校"立德树人"教育的规律互补性进行深入研究，并抓住"立德树人"教学中的"牛

鼻子",关注学生思想上难以接受的"疙瘩",同时强调理论上的"扣子",要想真正做到这一目标,必须把"立德树人"作为一项系统工程来抓。所以,在建设"立德树人"的课程体系时,必须特别关注以下几个关键环节:

首先,需要对教学大纲和统编教材进行深层次研究,以进一步加深对教学内容和教学要求的理解。教育部科学司的专业教学研究人员对教材与大纲进行调研和编纂,从某种角度来看,统编教材与大纲不仅反映了我国意识形态的聚义要求,也反映了理论界的认知水平。

其次,需要深入研究教育对象,以提高教学的个性化水平。随着新时代的到来,学生在出生环境、教育环境等方面的独特性日益凸显,他们逐渐具备了独立思考的能力与意识,对在学校或社会生活中表达自己观点与思想的途径,变得更加渴望与强烈。为了满足新时期大学生积极参与社会生活的需求,需要有效地培养他们的参政议政意识和公民社会道德责任感,加强对大学生进行心理健康教育和政治理论教育相结合的探索,使其成为社会主义事业建设者和接班人。现今时代的大学生侧重于培养和提升自身能力和素质的同时,也更加重视通过"立德树人"的学习对自身成长和发展所产生的影响。所以,高校必须构建一种课程模式,使大学生能够自主思考,同时注重培养学生的心理和思想发展特征。

最后,探索教学规律,以提升教学实效性为目标,是高校必须深入思考的重要议题。深入探讨与科学研究"立德树人"教学规律,以实现"立德树人"教学的科学化和规范化。

二、课程思政凸显了"立德树人"的育人特点

我国自开始"立德树人"教育以来,其课程形式和内容都有鲜明的特点。高校课程思政建设体现了"立德树人"教育政治性与科学性的有机统一。高校"立德树人"的政治性就是通过课程思政,有效提升大学生在政治方面的觉悟与意识,以维护国家的方针政策为己任。思政课教学过程是一个不断实践、不断完善的过程。按照《教育部关于启动高等学校教学质量与教学改革工程精品课程建设工作的通知》,"立德树人"建设的核心在于将现代教育思想作为具体指导,积极构建

和建设多层次，并且具有针对性和实用性的卓越教材，同时，以现代化教学内容和专业化师资队伍建设为基础，努力构建和完善系统的科学教学体系。

高等教育中的课程思政建设，在充分体现道德教育与实践教育的有机融合的同时，也形成一个有机的整体。思政理论课的教育目标在于正确引导和帮助大学生树立世界观、人生观以及价值观，并以此为基础塑造他们的思想观念和行为准则。课程思政的实践性在于，采取的所有措施、出发点以及归宿点均必须以学生为中心，并在现有教育理论的基础上，结合实际情况进行必要的调整、优化与变通。"立德树人"建设的核心在于将人的意识与活动的实际本性，通过巧妙的方式与建设目标紧密结合，同时，在建设标准上强调实践性，以确保其有效性。教育性是对课程思政课实效性进行思考后得出的结论，实践性则体现了高校课程思政教育性的本质内涵。教育性是一种以实践为基础的理论思想，实践性则是教育性的最终体现和体现。

高校的课程思政建设在展现"立德树人"核心的同时，也促进着"立德树人"整体性和有效性的有机融合。因此，高校必须坚持以学生为本的理念，把大学生作为培养主体，使其能够全面地掌握理论知识与实践能力，从而更好地实现"立德树人"的目标。我国的思政教育课程体系，重点强调对马克思主义基本理论和方法进行整体性的理解与掌握，以确保其整体性和系统性。高校"立德树人"的整体性显著，在一定程度上为中国马克思主义的发展奠定了坚实的基础。教师的讲解应当激发学生对知识的好奇心和求知欲，引导学生积极参与教学活动，通过师生角色的互换，从而有效地激发课堂氛围。在高校中进行"立德树人"课程教学改革势在必行，"立德树人"的整体性和有效性得到有机的统一，不仅能使教师的教学效率和学生的知识接受能力得到较大幅度提升，同时也能让学生更深刻地理解"立德树人"的本质与内涵，从而将"立德树人"教学的应有作用淋漓尽致地发挥出来。

高等教育机构在坚持正确的意识形态基础上，注重整合技术、师资等多方面的教学建设，以实现"立德树人"的有机统一；在一个有机的整体系统中，促进教育性、政治性等的相互融合、相互促进，从而塑造出品德高尚，能够承担国家重任的优秀高校学子。其中，政治引领是关键，课堂示范则是根本。思政理论课的引领作用在于将社会的主流价值观、主导思想意识等，深入渗透到每个个体的思想当中，并且将其成功内化为人们思想意识的重要一部分，巧妙地把社会主义核心价值观真正植入每一位同学的内心深处，使其时刻对每一位中国人产生影响。因此，为了在专业课建设中最大限度地融入社会主义核心价值观，需要以课程思政为榜样，在学校中树立榜样。总的来说，高校在实现"立德树人"的根本目标方面，课程思政建设扮演着至关重要的角色，是不可或缺的着力点。随着教育教学改革步伐不断加快，我国各大院校也都开始了相应的教学改革实践活动，并取得了显著成效。在当前形势下，思政课程的建设势在必行，需要有针对性地突破瓶颈，所以必须在思政课程的基础上，深入探索课程思政的改革方向。

课程思政的功能是"立德树人"的一个基本属性，它是基于马克思主义基本理论存在，是我国社会主义建设不可缺少的重要内容。"立德树人"理论的功能和作用是其能够不断发展与得到人们重视的主要原因，同时，"立德树人"课也深刻地体现着"立德树人"的基本特性。在"立德树人"中，理论课作用发挥的强弱，与其相关理论教育在社会实践中的应用程度有很大的关系，积极开展大学生实践性教育、教学活动能够有效提高大学生"立德树人"理论课的教学的效果。针对我国当前大学生"立德树人"理论课的实际状况，我们应该充分利用现代化的教学设备与教学手段，提高课程思政的效果。

课程思政不仅具有促进个体思想道德的社会化、形成社会所需要的思想道德素质的作用，在增进学生个体的发展方面也具有发展性作用。思想道德素质发展就是根据自己的判断选择接受和选择自己认同的社会以及文化价值观念，并将这种价值观念内化为自身价值判断依据以及行为依据的一个过程。从我们的描述中可以看出，思想道德的内化过程是个人人格和思想品格形成的基础，而个体人格和品德则对人的整体素质的发展有着极大的影响。我们所说的现代化，归根结底还是人的现代化，从发展的角度来说，人的现代化是人适应社会、适应时代的自然产物，体现了人的主体性。思想道德教育本质上也是为人的主体性服务的，是人改善自己、适应社会发展的基本表现。如果人不能在道德、法律的约束下从事相关的活动，完全凭借自己的喜好和本能行事，人与动物也就没有差别了。

课程思政教育是使个体思想道德观念得到提升的最本质的力量。理论是一种指导社会发展的力量和动力,任何一种社会实践活动,如果没有科学理论指导,必定是盲目的,只有在科学的理论指导下,才能使整个社会更好地发展。马克思主义理论是全世界无产阶级的理论,它是无产阶级革命和建设的基本指导思想,马克思主义理论不仅能够促进人们思想意识的进步,还能通过"立德树人"教育活动培养符合时代要求的人民群众,从而产生巨大的力量推动人类社会的不断发展与前进。

  课程思政教育能够有效提高大学生辨别是非的能力,提高大学生的政治意识。当前国际政治风云变幻,随着各种因素的不断增多,国际政治局势将向着更加复杂的方向发展。"立德树人"理论和教育要紧跟时代发展的步伐,紧跟国际政治局势的发展,在新的国际形势下指引大学生的健康发展。改革开放之后,我国政治局势发生了比较大的变化,以政治工作为中心的基本政策转变为以经济发展为核心。从政治学的角度来说,改革开放使我国以政治斗争为主的国家生活转变为以政治建设、经济建设为主的国家生活。以经济建设为中心是改革开放后,党领导国家发展的基本路线,也是我国新时期政治路线的一个重要部分。经济建设不仅仅是一个发展贸易、增加国家收入的问题,从根本上说它是国家根本利益的体现,是全国人民根本利益的体现,从战略意义上说,经济发展是社会主义事业发展的经济基础,具有全局性的战略高度。在课程思政教育中,大学生可以以自己所学专业为切入点,把马克思主义基本原理和形势政策教育与自己的专业学习紧密相连,从而提高自身的政治素养,明确我国政治生活的主题,正确认识国际政治斗争。

  精神需求的满足是指使每个个体实现其某种需要、愿望(主要是精神方面的),从中体验愉悦、快乐、幸福,获得一种精神上的享受。一般而言,大学生通过课程思政的教育能够对自己的思想道德素质的提高产生积极的影响。在社会生活中,个体思想政治素质的提高有两个方面的积极意义。第一,思想政治素质具有独特的工具价值,能够有机协调个体、他人、社会、群体之间的关系,为个体营造良好的人际关系和交往氛围,满足个人发展的需求。第二,个体的思想政治素质本身也是一种价值的载体,简单来说,思想政治素质能够在多个方面满足个体的发展需求。个体内在地将思想道德素质的形成与个人的发展结合起来,更好地促进个人整体素质的提高。

学校可以通过不同的方式和途径在校园内开展课程思政活动，对大学生进行"立德树人"教育。学校开展的各种"立德树人"活动，既有开展理论课教学这种直接的教育手段，也有通过相关教育或活动对大学生产生"立德树人"影响的简捷手段；既有以理论教育为主的教学活动，也有以实践教育为主的教学活动；既有显而易见的显性教育活动，也有各种隐性教育活动。

"立德树人"的途径与渠道多种多样，对学生的影响也不尽相同，但是这些渠道对大学生"立德树人"的影响是零散的，教育理论也没有形成一个完整的体系，如果不对这些渠道进行科学的规划，它们不仅不会促进大学生"立德树人"的发展，还会对其发展造成一定的阻碍。

教材所涵盖的政治思想和道德思想虽然丰富多彩，但是学生在学习和掌握知识的过程当中，始终将认知目标置于首位。教师在教学的时候想方设法让学生去获得最基本的东西，使他们自觉主动地去接受这种最基础的知识，并能运用到自己的行动之中。教师们不遗余力地追求着这一目标，毫无保留地付出着自己的心血。而且教师也是全力以赴地追求这一点。这个目的越是被置于首先地位，它就越是有力地占据了学生内在力量，而思想也就越来越远地退居次要地位，从而把知识转化为信念的有数就越来越低。课程思政是一种直接以马克思主义理论与"立德树人"为教育内容的学科课程，在所有"立德树人"渠道中，课程思政是具有系统性、整体性并且理论化层次最高的课程，它能够将"立德树人"中的各种繁杂因素进行整合，将各种要素所能发挥的作用进行统一，将不同要素系统地组合在一起，发挥更具影响力的整体作用。

"立德树人"理论课具有引导"立德树人"的发展的作用，我们将这种作用称为"立德树人"课的导向作用，简称导向作用。"立德树人"的导向作用，是课程思政教育目的、教育内容以及教育作用的基本体现。"立德树人"理论课开展的过程，实际上是把社会主义价值观念传授给大学生，并自觉内化为他们自身信念与观念的过程。"立德树人"的导向主要包括三个层次的导向作用。

理想信念导向是指通过对大学生进行课程思政的教育，帮助他们树立正确的人生追求和理想信念，并激发大学生服务祖国、回报社会、立志成才坚定决心。

理想信念具有比较明确的指向性、确信性以及稳定性。学生总是能够依据自己的理想信念对自己的价值认识以及行为习惯进行一定改变。一般来说，人们对符合自己理想信念的行为和思想会给予肯定的评价，对不符合自己的理想信念的行为和看法会给予否定的评价。

奋斗目标导向是大学生"立德树人"的一个重要导向层面，在社会实践中通过个人目标和社会目标的结合来对自己的行为方式和价值观念进行相应的改变。"立德树人"理论课要积极引导大学生将社会发展的目标与他们的人生目标和奋斗的方向相结合，在为社会奉献中实现自身的人生目标。

行为方式导向是指大学生"立德树人"理论课要引导大学生遵照我国道德规范、法律规范等行为准则的要求约束自己的言行，把他们培养成符合社会发展规范、有组织、有纪律的社会主义接班人。

大学生"立德树人"的理想信念导向、奋斗目标导向、行为方式导向，是大学生"立德树人"导向作用发挥的三个不同层次，它们之间相互联系又相互区别，做到三者的有机结合大学生"立德树人"理论教育能够更好地发挥其作用。

第二节　培养担当民族复兴时代新人的必然要求

随着社会不断进步，高校需要根据时代的变革和要求，调整课程思政建设，使其跟上时代的步伐。我们需要始终把"立德树人"作为重要的思想，遵循马克思主义理论，推动中国特色社会主义核心价值观建设。教育的中心应该是学生，要贯彻以学生为中心的教学理念；要针对学生的需求进行调整和优化，改善教学方法；激发学生的自学能力并促进其综合素质的提升，培养能够担当民族复兴历史使命的时代新人。

一、课程思政确保了大学生人才培养的政治方向

理论是实践的先导，也是在实践的过程中不断发展和完善的。实施课程思政，意味着我国在思想政治教育改革工作中取得了不俗成果，随着时代的发展，这一

教育还将不断地完善。课程思政建设的根本在于育人，所以，必须引导大学生深刻认识政治意识的重要性，以确保他们在主体发展过程中具有明确的指向性；确保大学生主体发展的德才兼备，是我们"立德树人"的根本目标；为了满足大学生主体发展的实际需求，我们必须深入贯彻以生命为本的教学理念。

（一）课程思政帮助学生树立牢固的政治意识

鉴于我国是一个由中国共产党领导的社会主义国家，我们的教育的主要目的在于培养一批又一批的有用之才，他们必须坚定地拥护中国共产党的领导和我国的社会制度，有志成为中国特色社会主义事业的不懈奋斗者、社会主义建设的重要参与者和继承者。也就是说，我们必须挑选一批道德品质高尚、信仰坚定的人才，对于党的领导和社会主义制度都要非常忠诚，能够为了中国特色社会主义事业而全力以赴。所以，我们要充分发挥课程思政在引导大学生关注政治问题方面的作用，以提高其政治意识和参与度。人们对政治现象的认知和评价会形成一种信仰、信念和态度，这就是政治意识。政治意识会影响政治行为和决策，而且具有持续性特征和特定的规律。

我国高校作为社会主义的高校，大力度培养拥护和支持社会主义发展的合格建设者和可靠接班人，是牢牢坚持社会主义的办学方向的必然要求。在推进课程思政建设的过程中，大学生必须始终坚持以马克思主义为指导思想，以确保他们的发展方向与之相一致。只有这样，高校才能培养出具有坚定政治立场和良好道德品质的人才。大学生在树立政治意识的过程中，主要展现出这三种显著表现：

第一，大学生应该积极建立政治意识，确立正确的政治取向。坚定正确的政治方向是大学生的重要义务。大学生与其他社会成员一样，都是维护和传承社会主义事业的重要组成部分，需要始终坚守共产主义信仰，积极倡导中国特色社会主义，与党中央始终保持思想、政治和行动上的一致，不断确保其自身的发展方向合乎规划、足够正确。

第二，大学生应该加强政治教育，提高政治意识，增强政治素养。具体而言，大学生应注重学习马克思主义的理论知识，积极提高自己的理论素养水平，全面提高自己的思想境界。此外，大学生还要全面理解习近平总书记的重要讲话精神，步调始终与党中央保持高度一致，以确保自身的发展具有可靠的理论基础。

第三，在正确的政治立场上持有稳定的信仰，是大学生的责任和必要发展条件。大学生在接受课程思政的过程中，需要不断强化自己的决心，增加思维的清晰度，坚定地坚持马克思主义的思想、立场和方法，同时要不断提升自己的综合素质。通过这样的学习，大学生能够稳固发展身心健康，并且积极调整自己的人生态度和价值观。

（二）课程思政帮助学生发挥在坚持政治方向上的主体性

进入新时代，培养民族复兴时代新人，一定要以"立德树人"根本任务为前提，并将其视作教育的核心环节。高校要让大学生深刻认识到课程思政教育在提升综合素质与促进个人健康发展方面的作用，使他们自觉、自主地将课程思政的综合性教育理念内化于心、外化于行，从而充分发挥他们的主体性作用。

为了在课程思政建设中充分发挥大学生主体性作用，高校专业教师必须始终坚持"立德树人"的根本原则，这需要从以下多个角度进行深入思考和探索：

第一，高等教育一直遵循中国特色社会主义的办学方向，这反映出高校始终坚定地执行着"立德树人"的基本原则。我国高等教育的宗旨是立足于社会主义思想，旨在为中国特色社会主义事业的发展和中华民族伟大复兴的实现提供支持。因此，高校应该致力于弘扬中国特色社会主义的特点，努力开展具有这种特色的教学活动。专业教师在开展专业教学时，要努力向学生传授与国家未来需求相符合的专业知识和技能，引导大学生有计划地将所学知识应用于国家发展及社会进步，并鼓励他们积极参与中国特色社会主义实践，进而实现其自我发展与人生价值。

第二，高校应当深入挖掘中华优秀传统文化的渊源，加强对其的文化教育和传承。在源远流长、博大精深的中华优秀传统文化中，蕴含着丰富的教育思想，而"立德树人"的思想则是其不可或缺的重要组成部分，这一点在古代开始就已有体现，《大学》开篇就提出"大学之道，在明明德，在亲民，在止于至善"[1]。高校专业教师应将专业历史与针对大学生展开的主体性教育相结合，帮助大学生

---

[1] 梁枢. 国学精华编 [M]. 北京：商务印书馆，2011.

深入理解专业发展历程，认识到专业知识和技能的重要性。同时，高校专业教师要激发学生自身的认知和自觉意识，帮助他们树立正确的价值观和思想观念。通过这样的教育引导，大学生将能够更积极地为中国特色社会主义建设做出自己的贡献。

二、课程思政促进了大学生个人素质的全面发展

除了教师、课程内容、教学法和环境等因素会对大学思政课程建设起重要作用外，学生的自我参与和合作精神也需要被高度重视。思想政治课程的重要性体现为其具备高度的专业性和独特性，需要大学生在其中扮演特殊的角色。为了实现大学生全面提升的目标，我们必须遵循习近平总书记在全国教育大会上提出的"九个坚持"的原则，并注重培养大学生的自我、自主、积极和创新能力等素质，还要提高大学生的主体意识、专业技能，强化其独立人格，以此推动其全面成长和全方位发展。

（一）课程思政增强了大学生主体意识

要在课程思政建设中发挥大学生主体性作用，必须以大学生自身为基础，只有当大学生深刻认同自己是受教育的主体这一观点，并积极、主动、自觉地强化自身的主体意识时，他们才能将主体性作用淋漓尽致地发挥出来。

一个人拥有自主意识，意味着这个人能够认识到自己是有独立性的个体，能够自己决定生活的发展方向，按照自己的意愿去做事，不断增强自己的实力，提高自己的能力。人与世界相互依存，自由意识是这种依存关系的体现。作为自主的主体，人可以利用外界的资源和条件促进自身成长和发展，不断实现自己的价值和追求最高理想，直到实现主体自由的目标。个人在社会实践中，能够自觉地认识自己的主体地位、主体能力和主体价值，并且利用自主意识和自由意识来发挥自身的积极主动性，这就是个体的主体意识。这种意识是人类行动的基础和前提。

要实现足够全面的教育，必须以个体对自身的认知作为基石和前提。换句话说，只有具备个体意识才能实现全面教育。在推进课程思政建设的过程中，高校

应当教育大学生树立强烈的自我主观意识。为此，专业教师可以借助专业知识，重视课程的整体导向，在关注国家进步、学术发展、个人成长和道德伦理等方面，引导学生积极参与学习，并激发他们自我表现的愿望，从而在课堂上帮助他们实现自我主体发展。而后，专业教师应该将专业教育、社会责任感、学科知识、学习态度、职业素养和创新意识等多个方面的要素有机地融合在一起，以充分彰显教师职责或职业精神，并传达与人文社会科学素养、职业道德、规范以及社会责任感等有关的价值观。这样，教师能够在潜移默化中引导学生自我意识，增强他们的积极性，激发他们的潜能。

（二）课程思政提升了大学生专业能力

为了促进大学生的全面发展，我们需要在课程思政建设中激发他们潜藏的主体意识，并帮助他们培养相应的专业技能。大学生专业能力的全面提升离不开专业能力的培养和提升，这是一项能够影响大学生综合素养的至关重要的任务。

专业能力是指在实践中发挥核心作用，具备适应周围环境和结合自身需要，以积极选择和灵活应用专业知识解决问题的能力，这种能力能够持续促进个人发展。人的能力始终与实践活动紧密相关，只有在社会实践中，人才能展现自己的能力。所以，在建设课程思政的过程中，高校需要注重提升大学生的专业能力，以此培养出具备综合素养的优秀人才。

首先，培养自觉尊崇社会主义核心价值观的素质。在当下社会，随着新时代的到来，改革开放持续推进，信息网络日益发达，多种思潮在社会中不断涌现，其中有很多已经渗透到大学生的思想中，影响着他们的世界观、人生观和价值观。大学生正处于一个重要的思想发展阶段，在这个阶段，他们需要应对各种不同的社会思潮和价值观。对于他们而言，这个过程既是一个机遇，也是一个挑战。所以，大学生需要忠于社会主义核心价值观，并提高分辨是非的技巧，从而尽可能地推动个人的成长与发展。

其次，发展自己终身学习和独立学习的能力。随着社会的不断变革，大学生必须关注自身现实状况和实际需求，并有计划地提升自己的能力水平，以紧跟时代发展的步伐。这需要他们具备足够的目标性和针对性，注重个人发展和完善，以提高专业技能和实际应用水平。

再次，要积极培养思维能力，尤其是自身创造性方面的思维能力，这是一项至关重要的任务，需要大学生不断进行探索和实践。只有那些具备创造性思维能力的大学生，才能够有意识地提升自身的专业素养，进而使得自身的潜能彻底释放。

最后，要有针对性地提升自身在沟通、团队合作等方面的能力，将所学的专业知识与自身的实际能力进行有机融合。

（三）课程思政培养了大学生健全人格

一个人的整体心理和精神状态，可以在一定程度上通过其思考方式和行为风格来反映，这就是人格。每个人的人格都是独特的，能够表达出个体的特质。主体人格是指人所展现出来的独特个性和本质特征，是人作为自己独有的身份标识的体现。这种人格赋予了人类个体独立、自信、进取和执着等特质，是人综合思想政治修养的集中体现。主体人格是由个人特点和素质综合构成的，完善和提高主体人格有助于充分强化大学生的自主性。

在新时代，我们比任何时期都更加靠近实现中华民族伟大复兴的目标，同时也比以往任何时期都更加自信，更有能力和机会达到这一目标。作为中国特色社会主义事业发展的新生力量，新一代青年需要全力投入到实现中华民族伟大复兴中国梦中。所以，新时代的大学生不仅要有强烈的主体意识，还要提高自身主体能力，培养健全的个性，以此提高自身的综合素质，实现全面发展。大学生建立良好的主体人格，有助于培养自身的积极向上的素养，进而能够帮助大学生本身朝着正确的方向前进，实现全面发展。

由教育部发布的《关于深化本科教育教学改革全面提高人才培养质量的意见》强调："坚持"立德树人"，围绕学生忙起来、教师强起来、管理严起来、效果实起来，深化本科教育教学改革，培养德智体美劳全面发展的社会主义建设者和接班人。"[①] 大学生主体人格的健全，需要内外因联动的引导和培养，只有这样才能实现预期效果，这一点体现在以下两个方面：

---

① 教育部关于深化本科教育教学改革全面提高人才培养质量的意见 [J]. 中华人民共和国教育部公报，2019（09）：26-30.

第一，内在因素对大学生具有显著影响，因此，他们有必要积极地参与课程思政建设、注重提高品质、增强决策能力，并进一步提高自己的综合素质水平。大学生应该意识到，他们是课程思政建设的重要接受者之一，而课程思政会对他们的成长和发展产生显著影响。通过积极参与该过程，大学生能够获得全面的个人成长和发展，同时，这也能使他们意识到自身的发展与国家的前途命运密不可分。

第二，在教育领域中，外部因素同样起着至关重要的作用，特别是家庭教育、学校、教师和社会的协同合作。家庭应该重视培养大学生的自我意识、独立思考、积极进取和创新精神，以此鼓励他们为社会和人民贡献力量，同时，在其个人成长过程中持续提升个性素养。学校应致力于加强学风建设，营造积极进取的学习氛围，并对考试和毕业要求进行严格管控，对所有违反学术规范的行为予以严肃处理。教师应该有计划地引导大学生，培养他们的高尚理念和坚定的人生目标，加强他们的思想政治引领。此外，高校还需要同时进行严格管理和精心呵护，并将这两者与教学相融合，以协助他们建立健全的个体人格；要鼓励大学生自发地参与课程思政的建设。为了使大学生获得更全面的人文教育，高校需要面向社会推广课程思政的理念，并将"立德树人"的观念融入各个领域中去。这样，大学生在日常生活中会不知不觉地受到这些思想的影响，进而自发地践行这种观念。

为了满足国家和社会对于优秀人才的需求，高校需要重点关注"立德树人"这一根本教学任务，将知识和美德融合起来，在注重专业教育的同时，帮助大学生培养主体意识和自我能力，强化其个人品格。高校专业教师要通过课程思政建设来激发学生的主动性和创造性，帮助他们更好地为中国特色社会主义事业做出贡献，同时实现自身的人生价值。

三、课程思政激发了当前大学生追求进步的能动性

教育实践的目的是通过对个体的塑造来培养他们的综合素质，以实现教育的最终目标。教育的本质在于唤醒学生的内在的主体意识，而现代教育的追求在于培养能够自主思考、自我成长的社会个体。以"以学生为中心"的教育理念能够

塑造学生的核心意识，而现代教育则直接影响着学生核心能力的发挥。"以学生为中心"的教学理念是在教育过程中贯彻"以人为本"的教学理念的一种具体体现。强调以学生为主体的教学理念，要求教师始终关注学生实际需求，并在进行课程思政教学活动时注重培养学生的主体意识、人格和能力，促进学生实现自由、全面和可持续的发展。换言之，要贯彻"以学生为本"的教育理念，需要从以下三方面着手：

第一，大学教师应该帮助学生发展自主性，并发挥他们的主观能动性。根据美国心理学家维特罗克主张的"生成学习理论"，个体需要积极主动地发展学习能力，并与环境相互作用，这样才能共同创造新的知识。[1] 因此，我们需要注重培养大学生个体的主动性，在学习过程中认真关注感知和环境互动对大学生学习的影响。大学生的核心培养目标是通过有计划的教育，提高主体意识和主体精神能力，激发内在动力，自觉接受教育并实现自我教育，最终实现全面、自由、持续的发展。

第二，专业教师应当注重尊重与珍视大学生的主导地位和实际需求。将学生置于优先位置，也就是以学生为教育根本，意味着将大学生作为教育的中心，根据他们的需求和现实情况来制订详尽的教学计划和教育方法。为了更有效地教育大学生，专业教师需要全面了解大学生的个性、思维方式、知识储备和心理特点等方面的情况，并根据不同大学生的个人情况个性化地进行针对性的教育。这样能够更好地满足大学生的需求，引导他们积极参与学习，提高教育教学的有效性。

第三，高校专业教师应积极推动学生全面提升素养，帮助他们在多个领域获得成长和进步。随着时代的不断演进，高校应更加普遍地培养大学人才。除了强调专业知识和技能的培养外，高校也要注重培养大学生的价值观，加强他们的实践能力，以全面提升他们的素质。这样，他们才能成为有能力为社会主义事业做贡献的接班人，拥有道德、智力、体质、审美、劳动等方面的全面素质。所以，在进行课程思政教育教学时，高校专业教师应该充分考虑学生的个体需求和特点，激发他们的自主意识和积极性。高校应该在整个教育教学流程中坚持以学生为中

---

[1] 李新成，陈琦. 维特罗克生成学习理论评介[J]. 山西大学学报（哲社版），1998，(42). 81-87.

心的教学理念，其目的是满足新时代和社会的需求，促进大学生的成长和发展，进而培养更多符合国家需要的优秀人才。

从本质层面看，高等教育中的思想政治教育，是面向年轻一代进行的教育，只有基于坚定信念、德才兼备，年轻一代才能为国家和民族的未来带来希望，进而成为实现中华民族伟大复兴强大的后备军。

习近平总书记在学校思想政治理论课教师座谈会上强调："要坚持显性教育和隐性教育相统一，挖掘其他课程和教学方式中蕴含的思想政治教育资源，实现全员全程全方位育人。"①

通过隐性教育方式，高校可以激发学生的主体意识，不仅能够与显性教育相得益彰，同时也有效提升了隐性教育的育人效果，有助于真正实现育人目标。在进行隐性教育的过程中，高校应当特别关注以下几个方面的内容：

第一，学习其他国家隐性教育的教育经验，以提高教育水平。例如，美国采用了隐性教育的方式来实施教育。这种方式着重于多学科课程，特别是哲学和社会科学领域的课程，旨在培养学生综合思维和全面发展的能力。而且，美国高校还通过营造环境和提供优越的学习条件，渐进地传递美国价值观，并影响学生的行为与准则。我国正在积极开展并促进课程思政建设，目的在于始终让正确的理念和价值观在教育中得到贯穿和融会。在进行教学时，高校专业教师应该着重传授对学生成长和发展有益的教育内容和目标，并应用现代化的教学技术吸引学生的兴趣，激发他们的学习热情，以培养学生积极、自主地参与到教育教学中。在高校校园中创造一个良好的文化氛围和物质环境也是非常重要的，因为这可以对学生的价值观产生潜移默化的影响。如果在校园营造出良好的环境，学生们就能意识到自己在教育过程中扮演着重要角色，进而和教师积极互动。另外，这种方法也可以带来更好的教学成果。这意味着我们需要摆脱传统的"输入式"教学方式，采用更多的创造性、互动性和参与性的教学方法。

第二，重视理论和实践的结合，深深植根于中国，传播优秀中国文化。比如，在教育教学中，高校专业教师可以以屠呦呦的不懈努力和黄大年的不畏艰辛的例

---

① 习近平主持召开学校思想政治理论课教师座谈会[J].教学月刊·中学版（政治教学），2020（11）：24.

子，激发学生奋发向上、为祖国贡献力量的热情精神；也可以将他们的崇高精神融入各个专业领域的教学过程中，帮助学生培养自我超越和不断追求进步、创新的素质和能力。除了关注理论课程的授课，我们还需要引入实践教育。这种教育可以通过让学生参加学科、自信和创新方面的活动，来提升他们参与社会和实践活动的能力。并且，这样做可以让学生通过亲身实践，将在课堂上所学知识和技能更好地运用到实际生活中，进而得到思想上的启示和精神上的提升。将自主意识教育和主体性教育元素融入专业课程，学校能够成功将显性教育和隐性教育相融合。只有紧紧把握这个方向，高校的大学生才能够在德才兼备、具备合格人才素养的方面逐步成长，从而在新时代复杂的国内外环境中始终保持清晰的思维，坚定自己的理想信念，最终实现人生价值。

核心价值观是被广泛认可的一系列原则，可使全党、全国、全社会"心往一处想、劲往一处使"，团结奋斗。通过核心价值观教育，高校可以激发大学生的积极性，促使他们真正理解并自觉地践行这些价值观。为了造就具备全面素养和高尚道德情操的合格人才，并促进课程思政建设，高校专业教师应加强社会主义核心价值观的教育，以此激发学生的求知热情。新时代中国文化和价值的精华，可以体现为国家发展繁荣、民主制度、文明行为、社会和谐、个人自由、平等待遇、公正司法、法治社会、爱国情怀、职业道德、诚实守信和友好相助等。高校专业教师应该具备深刻理解和认同社会主义核心价值观的意识与能力，并以此来启迪学生。此外，教师还应该以实践践行这些价值观为己任，使之成为自己永久的价值取向和奋斗目标，从而通过实际行动激励学生。教育专家们认为，开展教育活动时，应在国家、社会和个人三个方面开展社会主义核心价值观的教育，以使学生受到更全面、更深入的教育。首先，在国家层面，高校专业教师应积极践行主流意识形态，并注重将本专业的未来与国家的未来联系起来。通过教授专业知识和技能，激发学生的认同感和对所学专业的热情，鼓励他们积极参与贡献于人民的幸福、民族的未来和国家的前途的社会建设。其次，高校专业教师在专业教学中应当支持自由、平等、公正和法治等社会价值观，并且推动社会和谐共处。高校专业教师需要向大学生提供一些积极的例子，鼓励他们深入了解并接受社会主流价值观，进而使他们自发地为促进社会文明和谐而努力奋斗。最后，就个人层面而言，高校专业教师要将爱国、敬业、诚信、友善等价值观与专业教学相结合，以相关案例和杰出人物的经历来激励大学生的热情。这些优秀的榜样和表现出色的个人所表现出的道德品质、不懈奋斗精神以及无私奉献的精神，将有效激励大学生，使他们对国家和事业充满热爱，并为他们的成长道路提供重要的指引。

随着时代的发展，人们所接触的思想观念和价值观念也更加多样化。因此，我们需要打造一个全面、多元的教育系统。为了促进课程思政建设，高校专业教师需要引导学生树立社会主义核心价值观，激发他们内心的热情，确保他们个人成长的方向始终是正确的。更重要的是，高校要让大学生深刻理解并承诺为推进中国特色社会主义事业不断努力，专业教师则要通过在具体教学过程中积极融入实现中国梦的历史进程，来引导大学生实现这个目标。

如果高校教师想让学生的潜力得到充分发挥，并且帮助他们培养自我教育的能力，以实现全面素质和个性的发展，那么高校教师就需要重视培养学生的主体意识，加强学生的能力发展，并着重塑造他们的品格等基本特征。只有将学生置于核心位置，以教师为指导，方能切实深入推进课程思政，真正实现大学生主体意识的培育和全面发展的目标。促进学生主体成长的过程中，教师扮演着主导的角色，这种相互作用可以被视为教师主导、学生主体的统一。也就是说，在教育过程中，教师需要注重从学生的角度出发，将学生作为受教育的对象，同时也要重视学生的主观能动性。在这个过程中，教师承担着引导学生提升综合素质、帮助学生成长的责任。

第三节 创新高校思想政治教育发展的重要路径

在很长一段时间里，高校一直存在思想政治教育方面的"孤立状态"，难以消除思政教育和专业教学之间联系不够紧密的问题。这表明了高校的教育理念存在一定的瑕疵，未能准确理解知识传授和价值观引领之间的相互关系。所以，为了提高队伍建设水平，教师需要不断增强培养道德品质和意识方面的能力。然而，各学科的思想政治教育资源未被充分运用于人才培养，而且思想政治教育的机制体制需要更加完善，以便多个部门协同推进。一言概之，在高校教育领域，全员、全程和全方位的育人理念尚未得到充分落实。而课程思政育人理念是"三全育人"综合改革工作的重要举措也是其首要任务，切实推进高校思想政治工作的进程，发挥各类课程的育人作用，贯彻"立德树人"的根本任务需要高校致力于不断深化课程思政育人工作的发展成果，需要高校各部门齐抓共管、统筹共进，聚力协同做好育人工作，形成育人合力，构建"大思政"格局。

一、课程思政为高校思想政治教育提供了改革思路

随着社会价值观的多元化和交织，过度地依赖思政课进行大学生的价值引导的教育方法越来越有局限性。因此，高校需要发挥各学科的长处，全方位地进行全员育人，以更好地实现教育目标。要保持中国高等教育的稳步发展，必须强调所有教育工作者肩负的崇高使命是"培养品德高尚的人才"，在具体的工作中始终秉持"立德树人"的核心理念。高校各党组织应该担负起这一原则的主要责任，同时，广大教师和职工也不能逃避自己的职责，尤其是各个专业课的教师，需要认识到这是与学生息息相关的重要职责。

近几年来，我国的高校积极推动社会主义核心价值观的教育理念的发展，并将其纳入教学和培养人才的全过程中，并充分把握教育综合改革的契机，以综合德育为主导，结合基础教育学科德育成功经验，针对高校自身特点，将社会主义核心价值观视为核心内容，全面构建高校大学生思想政治教育体系，从而有效实现健全德育、才育并重、全面发展的根本教育目标。该教育体系具备全员育人、全方位和全过程的特点。

在改革高等教育的思路中，高校专业教师应以"育人"为核心，以此为基础确立课程思政的理念。在教育过程中，高校专业教师应注重德育方面的综合作用，并将课堂教学视为最重要的育人过程和最主要的教学手段。教育育人涵盖两个方面，一是传授知识，二是引领价值观念。在具体的教学过程中，高校专业教师应该注重将知识与价值观相结合，以知识传授为基础，引领学生的价值观。这样，课程中的显性教育和隐性教育就可以相互融合，实现从传统的课程思政

向更创新的思政课程转型。

为了探索高校课程思政复制可推广路径，我们需要进行科学的制度设计和机制激励，以此对课程思政教育进行改革。首先，要明确高校各门课程均具备培养人才的功能，而所有教师则肩负着育人的责任。各院校必须把"立德树人"作为教育工作第一要务，并将其落实到具体教学实践中去。其次，我们应当逐步完善专业人才培养方案，深入挖掘各类课程中蕴含的思想政治教育资源，以期达到更好的效果。

在构建高校思想政治教育课程体系的过程中，必须从国家意识形态战略的高度出发，深入挖掘并巩固思想政治理论课在思想政治教育中的核心地位，还要充分挖掘其他专业课程的育人价值，以实现思想政治理论课、综合素养课程、专业课程三位一体的目标。

从本质上看，课程思政在于将高校思想政治教育纳入课程教学和改革的各个环节之中，而不是简单地增加一门课或活动。这样做可以实现"立德树人"、潜移默化的教育效果。高校开展课程思政的核心目标是将知识的传授与价值观的引领相结合，以此来深化显性思政教育，并加强隐性思政教育，进而建立全方位的课程育人模式。具体来说，就是将所有高校的课程分为思想政治教育显性课程与思想政治教育隐性课程。高校思想政治教育显性课程包括四门必修课和形势政策课。这些课程是高校重要的教育内容，旨在引导和塑造大学生的思想，强化社会主义核心价值观的教育。高校思想政治教育隐性课程主要涵盖综合素质培养课程，如通识教育和公共基础课，以及专业教育课程，如哲学社会科学和自然科学。思想政治显性教育措施深刻地影响着广大师生，并重视通过提升学生的全面素质来加强其信仰信念；思想政治隐性教育有助于深入探究并拓展知识领域，同时注重传授主流价值观，引导大学生的身心成长。高校专业教师应将思想政治理论课程中的显性教育与隐性育人课程相结合，以此使思想政治教育与专业教育相辅相成，并且要在授课过程中实施全面、持续、多方位的立体式育人，从而真正提高思政教育的育人效果。

二、课程思政保证了高校课程教育体系的育人效果

（一）课程思政推动了思想政治理论课核心作用的发挥

思政课程和课程思政是高校实现培养德才兼备人才目标、推动教育改革的一体两面。推进课程思政建设，需要充分发挥思政课程的核心作用。思政课只有具备解决学生思想困惑的作用，才可达到目的，而教师只有在能解答学生的疑惑的基础上才能成为优秀的思政课教师。在高校推进思政课改革的过程中，高校教师应达成一种共同认识，那就是思政课在大学生社会主义核心价值观教育里发挥着至关重要的引领作用，广大高校教师应当高度重视这种作用。为此，高校可以采取多种方式来推进教育改革，如在内容建设、教学方法优化、师资团队组建以及互联网工具的运用上不断探索，以使高校思想政治理论课更具有效性特征与针对性特征。

此外，我们可以尝试运用"1+4"思政课教学模式，将"多教师轮流授课""多元教学环节"融合，来提升思政课的教学效果。这一模式汇集了多名教师，将其组成一个教学团队，轮流授课，并引入多种教学方法，如集体授课、小组讨论、社会实践和网络教学等，以拓展思政课的教学形式。在该教学模式下，校长、校党委副书记和校内外优秀教师共同组成一支教学团队，超越学科专业的壁垒，并创立"客座教授"之类的多专业、多学科穿插的教学机制。

根据相关实践研究，让学生在思政课中接受显性教育，有助于有效提高他们在课程的思政方面的能力，并且可为他们打下更深入的基础。大学生可以通过思政课程全面深入地了解马克思主义理论和社会主义核心价值观，这是社会主义大学独具优势的地方。深入推进教学改革，破除传统单一的授课方式，鼓励学生在课堂上主动思考问题，并采用符合学生认知规律的教学方法，避免不必要的牵强附会，能够让学生在课堂上获益良多。

（二）课程思政提升了素质教育课程的育人质量

高校通识教育的目标是建立一个注重精神和道德的教育平台，旨在培养学生实践社会主义核心价值观的能力，同时，在潜移默化中强化理想信念教育。因此，

为了适应各地区的需要，各地高校应该采取主动措施，建立符合当地情况的标准化综合素质课程建设的价值评估框架；要改进通识教育的组织架构和标准，不断改善教学材料、选聘教员和教学方法等方面的相应措施，进而强化政治导向和思想领导；要强调全面素质教育课程的重要性和价值。另外，高校可以尝试通过试点的方式，引入一系列具备中国特色的品牌课程。这些课程所具备的显著特征如下：

首先，高等教育机构的党委对其高度重视。为确保课程质量，学校应配备最优质的资源保障，由校党委书记和校长亲自上台讲解知识。

其次，在选题方面，深入挖掘学校的办学优势，以激发学生的学习热情。所有高等院校的品牌课程都与学校的学科优势互相融合，紧密贴合人才培养目标，这些课程不仅具有深厚的学术底蕴，同时也能够充分激发大学生的求知欲望。

再次，在师资方面，打造卓越的教师团队，以强调团队协作的重要性。品牌课程采用专题式授课方式，每一门课程的授课教师都是业内的佼佼者。

最后，教育教学方法，强调开拓创新。课程以上大课为核心，融合多种教学方式，如现场回答、课堂主讲、课堂反馈、网上互动等，将社会主义核心价值观的精髓要义巧妙地融入课堂教学过程中，从而潜移默化地实现教育目标。

（三）课程思政拓展了专业课的思想政治教育功能

通过以专业技能知识为媒介，强化大学生思想政治教育，使其具有强大的说服力和感染力，可以最大化地发挥课堂主渠道的作用，改变专业课程教学过度强调智力而轻视道德的现象，这也是其余教育方式所不具备的优点所在。

在讲授明显带有特定思想倾向的哲学社会科学课程时，应该全面了解马克思主义的理论指导思想，并深入研究其思想内涵以及与政治教育之间的联系，以求对课程内容有更深入的理解。学习语言也是了解中国特色社会主义理论的一种方式。倾听国家领导人在国际上的讲话和阅读他们的文稿，可以帮助学生了解国家目前的治理策略和方向，这不仅有助于提高学生的学识储备，而且能够强化其信念和韧性。

当教授自然科学课程时，高校专业教师应以自然辩证法为哲学基础，并注重培养学生的职业素养和科学精神。如今，我国已经在上海采取了一组尝试性措施，以发掘教育领域专业知识的潜力。这一套机制包含了多项工作，如编写课程教学指南、实施课程试点以及进行教学反馈评估等等。这种机制已经被广泛应用于专业课程中，并且取得了较为显著的教育效果。除了培养学生的专业知识和实践能力，该课程还能够为他们打下情感基础，让他们深刻领悟和感受到生命珍贵、感恩回报、无私奉献等道德价值的含义。

根据相关实践，课程思政能够充分发挥每位教师的育人职责，充分彰显每门课程的育人功能，从而有效提升全体教师的育德意识与能力，有助于改变专业教师"重教书轻育德"、思想政治教育教师"孤军奋战"的教育现状，从而促进思想政治教育从"专人"向"人人"的转变，推动"大思政"格局的形成。

习近平总书记在全国高校思想政治工作会议上强调，把思想政治工作贯穿教育教学全过程，开创我国高等教育事业发展新局面。[①] 当前高校深入推进课程思政改革的信心因总书记讲话而得到了很大程度的坚定。笔者相信，各地高校将会继续积极落实"成绩积累"的理念，持续加强课程思政改革试点工作，并及时总结经验，完善相应的体系和机制以确保工作顺利实施。此外，高校将继续以马克思主义为指导，同时，加强各门课程之间的交流与引导，以展示高校课程育人的优势，实现在价值观培养中的互动与共振。此举不仅有助于高校提升思政课的学术吸引力和发挥其引领作用，还可让校园文化在不断"群舞"中更加多姿多彩。总而言之，高校将创建一个全面、精益的思想政治教育课程框架，以使课程思政理念深深地扎根于人们的内心深处。

三、课程思政推进了"大思政"育人格局的构建

"大思政"格局本质就是汇集各方力量，调动一切可调动的育人资源，坚持"立德树人"的教育理念，学校各项教育活动都时刻贯穿育人思想，形成育人工作人人有责、育人活动人人参与、育人教育时时进行的工作体系。课程思政的建设统筹教育教学全过程，使育人环节具有贯穿性。高校课程思政育人工作的开展

---

① 吴晶，胡浩. 习近平在全国高校思想政治工作会议上强调把思想政治工作贯穿教育教学全过程 开创我国高等教育事业发展新局面 [J]. 上海教育，2017（03）：4-5.

是"三全育人"综合改革工作的重要举措,同时也是其首要任务。

课程思政的建设动员全员共同参与,使育人主体负有全面性。课程思政的建设实施需要动员全校各方面的育人队伍和力量,广泛地包含为教师队伍和行政人员队伍,将这两部分力量细化则包括思政课教师、专业课教师、学生辅导员、学生导师、各级领导干部、各职能部门行政人员、全校后勤保障人员等,同时,校外大环境对高校课程思政的建设也有辅助性作用,包括优秀的专家学者、各行业内的翘楚精英、共和国国之工匠、崇高的时代楷模、伟大的人民英雄等优质社会力量,他们发挥出各自身份优势、展现专业技术才能、总结宝贵实践经验,实现自身价值的同时为社会创造出无限的力量,他们的正向影响对高校展开课程思政的建设具有强大的助推力。凡事合则强,孤则弱。"三全育人"倡导人人有责,强强联合。高校在育人体系工程中始终是关键主体,知识的传授绝不是简单的填鸭式教育,"课程思政"发挥的成效就是使学生明白学的方法、学的方向、学的意义以及怎样才是真正地学好等问题,也是抓紧塑造学生世界观、人生观、价值观关键时期的"总开关"。高校应联合起多方力量,打造信息共享平台,建立教育资源协同机制,使课程思政全员育人的参与度逐步提升。

课程思政的建设统筹教育教学全过程,使育人环节具有贯穿性。对高校学生的思想政治教育要落实到人才培养的各个环节并伴随学生成长成才的全过程,新时代学生不仅要学习丰富的文化知识,必须进行全面发展,高校要抓住这一育人理念,依据各专业学生的成长规律、学习特点、专业特点结合思政工作规律,实施学生人才培养计划,针对学校不同阶段学生开展不同类别的思政教育工作,计划涵盖专业领域选择、入学基础培训、研究培养计划、专业课程学习、科研技术实践、论文构思撰写、职业规划建设、升学或毕业离校等全领域全流程的思想政治教育工作计划方案,着重全面覆盖无缝衔接的教育过程。针对不同阶段进行对口的专业认知教育、入学基础教育、课程规划教育、实习实践教育、职业选择教育、升学选择或毕业求职教育等贯穿始终的思想政治教育工作,注重培养目标、课程规划、育人方式、工作方法、成效检验等等,并将它们进行合理串联,强化全程育人的持续性,根据本校的特色、因校制宜、因地制宜、因情施策,丰富"三全育人"的深刻内涵,建立起"百花齐放"的思政育人模式和贯穿始终的思政育人机制，使高校思想政治教育工作得到进步与发展。

　　课程思政的建设需要提升全局规划能力，使育人模式具有完备性。课程思政建设需要多部门多系统联合协作进行，优化顶层设计，建立跨维度、跨门类的协同育人模式，以及"课程思政"培养格局。校内与校外相关单位共同规划整合潜在育人资源，挖掘育人能力，进行统筹协调，从宏观角度把握全局，建立起理论与实践、线上与线下、校内与校外等多维度全方位的育人模式，使旧的平面化附着式的思想政治教育工作转变为新的立体化嵌入式的全新模式，更加侧重将思想政治教育工作渗透浸润到学生培养课程的各个方面，涵盖到课堂、校园的各个角落，使"课程思政"落实到专业学习、体育活动、社会实践等各个环节，使育人效能无处不在，无时不有。

　　因此，为加快构建高校思想政治工作体系，课程思政建设现实需要应运而生。可以说，从"思想政治工作"概念的提出，到"三全育人"理念的形成，再到"课程思政"建设的确立，正是我们党的一个持续加强高校思想政治工作的过程，是探索构建"大思政"育人格局的高校思想政治工作体系方法论的过程。

第三章 高校课程思政与思政课程的协同发展

本章主要从三个方面对高校课程思政与思政课程的协同发展进行阐述,即高校课程思政与思政课程协同发展的紧迫性,高校课程思政与思政课程协同发展存在的问题,高校课程思政与思政课程协同发展的推进策略。

第一节 高校课程思政与思政课程协同发展的紧迫性

一、新时代、新变化的必然要求

"做好高校思想政治工作,要因事而化、因时而进、因势而新。"[①]思想政治教育的目的在于塑造现实世界中的个体,最终实现人类自由和全面发展的价值归属。思想政治教育对象在社会历史中形成并不断变化着,由于个体与群体存在一定的差异性,因此,教育对象除了呈现出明显的分层与类别特征之外,还表现出强烈的时代特征。当前,中国正处于全球经济浪潮的核心地位,所以,在培养社会主义建设者与接班人的过程中,中国应该以更广阔的全球视野,深入了解中国的发展趋势,同时端正对世界发展的态度。随着社会经济的不断发展进步,人们开始更加注重自身素质水平的提升,思想政治教育则是帮助大学生树立正确世界观、人生观以及价值观的重要手段,也是实现人才强国战略的重要途径之一。为了积极响应这一要求,思政教育的内容必须紧跟新生代的特征,以确保为中国的发展储备足够的杰出人才。

提升中国特色社会主义建设水平的关键在于增强新时代社会文化信心,这一方面是中国走向世界的重要发展基石,另一方面也是快速实现中华民族伟大中国

---

① 胡绍红. 大学生思想政治教育研究[M]. 北京:研究出版社,2020.

梦的必要途径。在这样的时代背景下，加强对我国高校学生的思想教育工作就成为重中之重。高校中的思政课程既有助于塑造大学生高尚的价值观，同时又是培养大学生政治观念的一条行之有效的重要途径。现如今，我国正处于发展的一个重要时期，随着1978年改革开放的深入进行以及国际国内环境的变化，各种思潮相互激荡，尽管中国现今的经济形势呈现出良好的发展态势，然而在意识形态方面仍然存在着一些问题。也是因为如此，必须加强年轻一代的思想觉悟和安全意识，提升他们在安全方面的责任感和使命感。在构建思想政治课程体系的过程当中，必须对中国独特的历史文化背景进行全方位的考虑，将中国的国情作为基础和前提，以进一步实现对爱国主义和文化品格的高度融合。

综上所述，在面对不断变化的新情况、新形势和新要求时，我们需要共同发挥课程思想和思政课程的积极作用，以培养出合格的社会主义建设者和接班人，从而实现教书育人的终极目标。

二、思想政治教育的本质要求

思想政治教育作为教育活动的一种，具有极其特殊的意义和作者，它不仅对人们的世界观、人生观和价值观的塑造产生一系列深远的影响，同时也是促进人类社会化进程的手段之一，其终极目标在于推动和促进人类、社会的不断进步和发展。思想政治教育的价值在于其对个体和社会两个方面的诸多影响。其中，通过对人的关怀和培养，思想政治教育逐步满足个体在精神方面的不同需求，从而推动人的全方位发展，最终将个体价值体现出来。社会价值的体现在于通过宣传工作，最大限度地激发和凝聚社会力量，达成共识，实现思想上的统一，减少社会资源的浪费，尽可能地促进社会整合，从而促进社会的稳定和发展，并且建立稳定的秩序，因此，做好新时期意识形态建设与传播，就显得尤为重要。

随着文化全球化的迅猛发展和各种文化思想的深入渗透，人们的思想认知逐渐呈现出多元化、复杂化的趋势。面对复杂多样的社会形态和多元利益诉求，如何处理好各种关系，使不同阶层、群体、个体都能有自己的话语权，这是当前我国社会主义现代化建设过程中必须解决的一个重要问题。当前，最紧迫的任务是在多元化的背景下实现一致性，同时，在多样性中把握主导地位。通过运用理论阐述和价值引导的方式，思想政治教育引导人们形成了积极、准确的价值观和国家认同感，借助理论知识的传播，将人民群众的积极性充分激发出来，促进社会和人际关系的和谐发展，推动社会更加公正、规范和诚信的稳定运转。

随着我国教育体制以及经济体系的不断完善，传统的思政教学已经不能满足当前新时代对人才综合素质培养的需求。高校课程革新的核心使命，不仅在于确保思想政治课程的不断创新，更在于对各类课程所蕴含的育人资源进行深度的积极挖掘，就某种程度而言这也是每一位"园艺师"的重要责任。高校教师肩负着为祖国培育优秀接班人的重任，因此，每一位教师在"立德树人"的教育过程中，都应当肩负起自身应尽的历史义务和责任，这是教育者不可或缺的使命和担当。

三、高校教育理念转变的迫切需要

高校教育理念的创新体现在提出了课程思政和思政课程的同步发力，它们共同推动了教育的发展。在教育理念的正确指引下，教育活动得以持续和稳健地展开，并且也只有在准确与合理的教育理念的指引下，方能实现此目标。高校育人是一项复杂且系统的工程，包含很多环节，其中包括德育教学、智育教学等。到目前为止，高校在培养学生方面过分依赖于思想政治理论课程，严重忽视了其他课程在思政育人和培养学生方面的作用。随着我国经济水平的不断提升以及高等教育改革的深入推进，高校思想政治教育与其他课程之间存在一定程度上的不协调现象。高校中的思想政治教育是一项高度系统化的任务，仅依靠思想政治理论课的开展是无法达到最终目标的，因此必须秉持协同育人的工作理念，同等重视其他课程的思政育人作用。

"要用好课堂教学这个主渠道，思想政治理论课要坚持在改进中加强，提升思想政治教育亲和力和针对性，满足学生成长发展需求和期待，其他各门课都要守好一段渠、种好责任田，使各类课程与思想政治理论课同向同行，形成协同效应。"[①] 在协同育人的理念下，高校的教师在教学的过程当中必须把育人视为自己的首要任务和责任，同时，通过不同的方式将其融入教育工作中去。教育理念作

---

① 吴晶，胡浩. 习近平在全国高校思想政治工作会议上强调把思想政治工作贯穿教育教学全过程 开创我国高等教育事业发展新局面[J]. 上海教育，2017（03）：4-5.

为一种思维方式，对教育实践有着重要影响。实际上，社会主义高校是我国高校的本质，必须以此为基础，并且从战略高度出发，全面认识课程思政和思政课程同向、同行理念的重要作用和意义，因为它们的核心任务是培养符合社会主义要求的建设者与接班人。

第二节　高校课程思政与思政课程协同发展存在的问题

一、课程思政与思政课程推进程度不平衡

（一）学院与学院之间的不平衡

首先，学院（系）对课程思政建设的重视程度存在明显的不平衡的现象。有些学院（系）的重视程度过高，行动速度快；有些学院（系）则缺乏足够的重视，行动速度缓慢。

其次，部分学院（系）在推进课程思政建设方面存在力度不平衡的问题。有的学院（系）积极响应中央要求与学校的部署，采取了一系列有力措施，以鼓励与激励教师参与课程思政建设，充分挖掘了教师的责任意识和创造意识，并且将其作为课程思政建设的重要责任主体；有些学院（系）未能激发教师参与的热情，未能激活教师的责任意识和创造意识，导致课程思政的推进陷入了困境。

最后，推进的效果呈现出不均衡的态势。院（系）若在思想上高度重视并采取得力措施，则可获得更多的项目、经费等资源，最终产生较好的课程思政成果；学院（系）在经费、项目等方面的表现相较于其他学院（系）相形见绌，这是由于其思想轻视、措施不到位以及行动迟缓所导致。

（二）课程与课程之间的不平衡

高校中的师资力量，因其学科专业、学历职称等方面的差异，有所区别。课程思政实施的成败，除了学科专业背景、学历职称高低、思想境界优劣等因素外，还存在其他重要因素的影响。教师本身对思想政治理论课的认知程度、态度和理

解水平、能力以及其他主观原因，也会在一定程度上影响课程思政的效果。教师在实践课程思政的教学过程中，无论是主观因素还是客观因素，均能够通过积极的自我调整和改进来实现转变。要想使课程思政真正落到实处，还必须从教师本身做起，加强对他们思想政治观念和职业素养的培养。长期以来，许多高校教师过分强调自身的学科专业背景，狭隘地将课程思政和专业课程教育"对立"起来，严重忽视了两者之间的紧密联系，这种认识是错误的，不利于推进课程思政的建设和发展。为了使课程之间处于一种平衡的状态，需要认识到平衡只是一种相对的目标、愿景和努力方向，并非绝对的平衡，因此需要广大教师在思想和行动上，对课程思政的价值给予高度重视，并投入必要的精力。

二、课程思政建在资金、技术方面的保障不到位

（一）各地区科研资金支持力度存在较大不同

高校课程思政建设是全国性的，促进高校课程思政建设的一项关键措施就是科研，它为丰富高校课程思政建设的相关理论，构建高校课程思政建设科研体系提供了重要的补充和支持，同时对建设高校课程思政科研体系起到不可忽视的作用。从经济学视角来看，国家和社会对于高校课程思政的投入主要体现为财政性资金投入。鉴于我国经济发展在不同地区的异质性，各地对于课程思政建设的资金支持力度，主要取决于地方财政的支持力度。经济繁荣的地方政府在高校课程思政建设方面所提供的资金支持力度是相当充沛的；在经济欠发达的地区，高校课程思政建设的资金支持力度相对较弱，这表明政府在这一领域的政策制定和实施面临着一定的挑战。

（二）平台开发难以及时满足教学线上需求

在当今信息化技术飞速发展的时代，高校无论是在在线教学使用方面，还是在课堂教学系统的研发方面，均存在非常明显的不同。由于技术的不断更新、软件的迭代升级以及教师的持续性培训，相关系统平台的开发一直无法及时满足课堂教学或者线上教学的需求。同时，由于课程思政课具有很强的政治性和社会性，

也对该领域的软件开发提出了更高要求。站在系统平台的开发的层面来看，立项、开发等环节都是一个相对漫长的周期，需要进行大量的管理协调和技术调试，这就直接导致了开发进程的严重滞后性。由于各地方高校发展不平衡，各个学校对课程思政的重视程度和理解也不尽相同，上述问题同样困扰着高校课程的思政建设。如果想要使课程思政课建设质量和水平得到较大幅度的提升，必须要做好相应制度设计以及完善工作，同时还要建立起一整套科学有效的管理体系。除此之外，若欲构建一套规范统一，适用于全校或全地区高校课程思政建设的系统平台，还需在机制层面上进行完善和优化，如简化流程、增强数据贯通性等。

三、各类课程差异明显，难以发挥共振效应

（一）教学目标差异明显，冲击理想目标实现

相对于国家和学校的人才培养目标而言，课程教学目标在微观层面上扮演着指导教学实践的角色，它明确规定了教学知识的范畴和学生能力培养的具体方向，更是一种趋向具体化的培养目标，不同类型的课程教学目标之间存在非常明显的差异性，并且强调了学生不同的发展方向。由于客观现实的存在，实现整合课程思政教学目标变得更加困难，并影响了课程思政协同育人理想目标的实现。因此，必须对其进行合理定位并构建科学有效的课程思政教学目标体系。在现今庞大的高校课程体系中，随着具体教学过程的持续调整和以所属学科为制定依据的课程目标，大部分的任课教师均把教学重点放在快速实现本课程的教学目标上，所以，课程思政目标在这样的宏观背景下并不会自发实现。

第一，随着学科和课程的不断分化和综合，涉及的课程将主要精力集中于调整与重构课程目标，这是动态发展过程中的必然结果。在历史演进中，随着时代变迁，不断变化的教育价值取向也必然会影响到学科或课程改革方向的选择。学科和课程的综合与分化，直接源于科学的演进和变革。从历史维度看，科学作为一种知识形态，其本身具有一定的开放性，是对自然界以及人类社会和思维纵深发展的一系列回应，并且蕴含着多重元素，如文化价值观、意识形态等，均是人类智慧的结晶。在学校教育领域，学科与课程作为科学的一种体现形式，随着科

学的不断发展和变革，得到持续性的调整和优化。随着新技术革命的蓬勃发展和劳动分工的日益精细化，学科和课程的分化得到了有力推动，同时，科学技术的高度综合性又使各学科间相互融合，形成一门跨学科研究领域——交叉学科。由于各专业课程之间存在着交叉重叠关系，使得不同类型和层次课程间缺乏统一的育人导向，也就无法实现人才培养与时代发展相适应。随着科技和社会的不断发展，高校课程的综合趋势呈现出交叉学科的涌现，这一趋势愈发复杂。交叉学科既包括跨学科知识领域中的综合性问题，又包括跨学科知识内容间相互渗透形成的边缘性或渗透性课题。横跨自然科学与人文社会科学之间的领域，以及这两者内部的相互渗透和交错；在纵向方向上，基础理论研究和应用开发研究相互交融。随着课程的分化和综合，教学人员更加注重实现相关课程目标，并不会深入挖掘课程的文化内涵和分析其中所蕴含的价值观目标。同时，由于学生自身知识储备不足、社会实践机会较少等原因，课程思政无法融入课堂教学中，也就不能发挥其应有价值。所以，在某些所涉及的课程领域内，课程的思想政治目标被"冲散"，甚至被边缘化，从而有效难以利用课程载体进一步实现协同思想政治教育目标。

第二，不同类型的课程在教学目标上存在十分明显的不同，怎样在这些目标中融合课程思想和政治目标，是现今教学中所面临的挑战之一。高校中的学科壁垒形成了一种明显的学科分界感，导致各种学科领域下的课程目标呈现出明显的学科分界性。在当代教育的大背景下，我国高等教育采用了一种明确专业和划分学科的教学模式，旨在培养一大批快速适应社会不同需求的高度专业化的优秀人才。对于学生而言，此种培养模式的合理性在于提供了恰当的衔接点，使学生可以更加快速地适应角色的转变，从而在较短时间内增强职业获得感的同时，也成功找到个人价值。专业学科，特别是理工科，所设定的课程目标，通常将技术知识与实践应用作为具体导向，这符合当代社会分工细化和深化的要求以及时代背景。因此，以"立德树人"作为根本目的，通过对专业课程进行合理设计来促进大学生树立正确价值观成为当前高校思想政治工作的重要内容之一，所以有必要对不同门类专业课程进行整合优化以达成思想政治教育目标。在功利主义和实用主义价值取向的影响下，课程思政目标更接近于全面育人的理想目标，因此想要将各个专业课程成功纳入思想政治教育目标的统筹之下，同时重点关注和实现教育对象的思想认知、价值观等多个维度的目标，从现今情况来看，仍然存在一定的"缺失"。同时，在追求专业化育人目标的过程中，由于各类课程目标培养具有明显的差异性与排他性，课程思政目标持续被边缘化也是有可能的，这样就会影响思想政治教育育人目标的实现的可能性。

（二）教学内容庞大，增加挖掘思政资源难度

目前，我国的高等教育采用专业化的育人模式，对各个学科进行了细致的分类和划分，从而形成了各具特色的课程体系，其中蕴含着丰富的专业知识。在人才培养方案中对专业课程设置进行科学规划是至关重要的环节，它直接影响到人才培养质量与水平。高校所开设的各类课程，其知识体系结构相对稳定，以明确的教学内容为核心，遵循相应的教学规律，从而塑造出具备专业素养的优秀人才。因学科专业领域的不同，各类课程的教学内容存在明显不同，无论是研究的问题，还是话语方式，均存在着明显的专业限制，这种差异导致课程思政育人效果不一，影响到学生对专业课程的认同程度和学习兴趣。实现专业知识教育以及思政教育之间的平衡，是一个需要积极探索的难题。在新时期社会发展中，课程思政是一种具有时代特征的重要理念。在思政教育的大时代背景下，把课程体系作为一个整体框架，以一种巧妙的方式将其融入价值观培育的合理性维度当中，毫无疑问，这给思政育人精准挖掘思政教育资源的实践，提出了更高的要求。

现如今，高校教学面临着"学科壁垒"以及"专业限制"的巨大挑战，这使得在很多课程内容当中筛选思政教育内容变得异常困难。在新的历史时期，党与国家对思政教育的重视程度达到了前所未有的高度，重点强调把思政工作贯穿于教育教学的整个过程，并且把思政的精髓融入教育之中，以期真正实现"立德树人"的最终教育目标。可见，党与国家对思政教育的定位已经超越了隐性思政教育的范畴，开始将其他学科，特别是专业课程，逐渐纳入思想政治教育的作用范畴之内，最终将其构建成显性的学科之一。从实际推进课程思政的详细过程来看，不难发现效果并不如此前所设想的乐观，最显著的问题是课程思政仍陷入一种形式化的泥淖之中。高校学科体系对课程思政的认同感受到思想政治教育形式化问题的影响，同时对课程内容缺乏深度挖掘，无法实现课程思政向学生群体内的深

入传播与渗透。由于任课教师在实际教学的时候，未能准确定义思政教育的内容载体，因此必然会出现难以自圆其说的情况，从而使课程思政的说服力降低。各门学科和各类课程均肩负着培养人才的重要使命，正是由于学科边界的束缚和限制，促使课程内容更加具有丰富性和个性化。为了使课程思政在各门学科和各个专业课程中发挥作用，必须深入挖掘课程特点，明确哪些课程内容能够精准地与思想政治教育无缝衔接。目前，我国高校思政课普遍存在重理论、轻实践的现象，致使学生缺乏对所学知识的运用能力以及分析解决问题的综合素养。所以，在当前课程思政有效推进过程中，怎么样以教学内容为基础，从思想认知、道德情感等多个方面入手，成为亟待解决的实际问题。

由于专业课程缺乏价值引领，导致课程思政的内容范畴模糊不清，进而引发了对于何种课程内容可作为思政教育资源的疑虑。在新时代的中国特色社会主义定位中，高校一直坚持着社会主义办学的正确方向，以党对意识形态工作的领导为具体指引，通过各种方式努力实现"立德树人"的根本使命与任务。高校在当今新的历史时期，教学视野得到进一步的拓展与延伸，无论是教育现代化的目标，还是社会主义办学方向，均得到很好的巩固。作为培养国家发展所需要人才的高等院校，其专业设置是否符合社会需求直接关系着我国社会主义事业的建设成效。为确保中国特色社会主义大学的成功，必须把社会主义核心价值观的培养以及实践，巧妙地置于教学的核心位置，同时，教师在教学的过程当中必须时刻铭记教书育人的重要使命，以实现知识传授和价值引领的同步共振。为此，高校应积极适应社会发展变化的要求，从课程建设入手，以提升大学生思想政治素养为目的，构建"真""善""美"三位一体的学科体系。高校应当以真理性和价值性问题为双重关注点，以体现高校人才培养的前瞻性和战略性。课程是高校培养人才的重要载体，其设置不仅关乎学生的学习质量，还影响着国家的发展进程。规范课程体系的专业内容，主要目的是运用科学的教学方法与思维方式，培养具备高度专业素养的专业人才，以满足个体在职业方面的不同需求，同时进一步探索世界真理性。

当前部分高校教师对思想政治教育工作缺乏足够重视，甚至存在一定程度上的抵触心理，这也就造成了思想政治理论课与思政课的融合不够充分。

专业课程的教学内容在不同专业之间呈现出明显的差异性，因此，在整个课程体系中必须注重专业课程的价值导向。价值的内涵主要源于某一特定的位置或视角，而非全局视角所能涵盖的范围。换言之，在价值逻辑当中，无法将所有视角以及位置可能性的价值全部涵盖，甚至是以中立或最高价值的方式呈现的价值，也无法将全部的观点或立场涵盖其中，一定会先肯定或者是否定某些价值。课程的本质在于其所包含的价值选择，它并不是一种与价值无关的实体存在。从某一学科或专业的角度和立场出发，可以推断出某种价值，因此，专业课程教学不应存在价值缺失的情况。如果只把专业课程当作一门知识体系来看待，就很容易导致价值错位，因为专业知识并没有被看作是一种纯粹抽象的东西。例如，尽管自然科学类课程与思想、政治以及价值之间缺乏紧密的联系，通常将探究科学的真理性和解释客观世界的一般规律作为核心，但在科学共同体中，它们蕴含着多方面的元素，如文化传统、科学思维等，这些能够为专业课的价值引领打开一扇大门。

站在课程设置逻辑的层面来看，现如今实现课程对最高价值的追求需要从多个学科的视角出发，并且需要以课程内容为支撑。众所周知，所有学科课程均处于新时代中国特色社会主义的大背景下，为专业课程的价值引领，提供了一个有益的成长与发展环境。实际上，在专业课程教学的过程当中，依旧存在着知识和价值难以平衡的困境。对于自然科学而言，学习者必须深刻理解各种自然科学技术背后的人性本质，如果专业课程在授课的过程当中缺少正确的价值导向，仅用单一的知识形态呈现出来，没有真正走进人思想认识的层面，想要突破课程思政育人专业方面的局限性与束缚性难度是比较大的。对于当前专业课程协同进行思想政治教育而言，关键和难点在于怎样精准确定哪些课程内容蕴含着价值观教育的可行性，究其根源是课程价值的展现程度，主要建立在知识内容基础上，专业课程价值引领作用的缺失或者减弱对于课程思政而言是致命的打击。要想实现课程思政目标，必须首先厘清专业知识与价值观之间的矛盾冲突及其对人才培养质量产生的影响，并以此为依据来设计相应的教学内容及方法。可见，在当前专业课程协同思想政治教育的认知思维层面上，需要克服知识和价值两者之间的对立，这既是课程思政所力图弱化的一对关系，也是需要突破的一个难题。

四、教育主体力量分散，难以发挥协同效应

（一）专业课教师对课程思政的认知不到位

首先，思政课程和课程思政之间的辩证关系存在一定程度的模糊性。由于专业课程与其他学科相比所具备的特殊性，以及专业知识本身的抽象性，专业课教师对课程思政价值的认识还比较模糊。在全面贯彻课程思政理念之前，必须深刻理解思政课程和课程思政之间的相互关系，然而许多专业课教师在教学过程当中，并未认识到这两者在目标与任务上的共性，同时也没有认识它们教学内容之间的相关性。有些专业课教师未能认识到自身在塑造学生价值观方面的作用，将知识传授以及价值引领视为对立的目标追求，从而限制了思政教育功能在思政课教学领域的进一步发挥；有些专业课教师忽视思政课程与学科之间存在的联系，认为思想政治理论课只是一种辅助课程。

其次，对课程思政价值的认同存在偏差，甚至有的教师对课程思政的价值持质疑的态度。在某些专业课教师的思维中，即使采用了不同学科的分类教学模式，仍然存在着单一学科的固化育人思维。专业课教师对思想政治理论课价值认知与评价上的偏差也是造成课程思政效果不明显的重要原因之一。专业课教师认为思想政治教育的价值观引领以及意识形态形塑，是思政课教师的职责，他们把传授学生技能与知识作为自己的教学任务，甚至在某些专业技术性较强的理工科院系，他们的专业课教师对该学科是否有思政教育功能持质疑的态度，并在教学的过程当中更加倾向于进行单纯的教学活动与科研活动，完全把落实课程思政理念的以及实现思想政治教育目标，排除在自己的工作范畴外。专业课教师在思想政治教育育人格局中难以融入全员、全方位、全过程育人，这是对课程思政主观认知的缺陷所导致的，因此，推动和促进专业课教师在思想理念层面上的"破冰"，就某种程度来说是实现课程思政协同育人的关键工作要点和难点。

（二）教育主体之间协同、效力不足

就课程思政建设而言，学校党委、团委等职能管理部门尚未明确其在思政教育管理方面的职责。为了积极响应课程思政改革，一些高校专门成立了领导工作

小组，该小组由多个部门的核心人员组成，然而由于难以制订科学的管理方案以及具体的实施细则，小组的工作被搁置，最终小组工作形同虚设、形式化。由于学校管理层面相关工作的不足，导致课程思政的科学化和规范化运行面临着相当大的挑战。

就校际合作而言，交流座谈会的形式主要聚焦于展示与分享各自课程思政建设的具体内容与经验方面，然而此种合作模式所积累的经验，具有一定的抽象性与泛化性，想要让一线教师真正领略到课程思政教学各个环节设计的精妙之处，难度是比较大的。因此，高校与高校之间亟须借助不同的手段和方法，加强和促进教师队伍的双向流动，最大限度为教师提供观摩和学习思政特色课程的机会，让他们亲身感受课堂教学的真实场景。此外，还需建立相应的激励机制，鼓励优秀团队成员积极进行项目实践与反思总结，促进相互之间思想碰撞和深度融合。可见，实现校际间交流学习的最大化效益，是需要攻克的关键难题。

五、课程思政协同育人体制机制有待完善

当前，高校的根本任务在于确立和完善课程思政育人体系，以实现"立德树人"的目标，同时也是提高人才培养质量的重要保障，但当下的高校课程思政育人体系建设仍然不够健全。高校课程思政育人工作中出现的对这项工作的不重视、不理解、不协调、不落实等这些问题，其根本原因在于高校党委部门没能发挥其应该发挥的带头引领作用，未能健全课程思政育人体系。

现如今，高校在课程思政方面存在诸多问题，如育人理念、双方的相互配合等。从高校党委的角度来看，这些问题归因于领导和管理的问题，高校有没有制定课程思政育人工作的相关体系、制度、规章、原则等，具体教育教学工作落实得怎么样、进展如何，是高校领导应该时刻注重的问题，怎样推进上层教育部最新教育政策、教育理念的落实和发展是其作为高校领导的重要责任。高校党委部门在下达课程思政育人工作的相关指示后，如何对后续工作实施、如何去辅助其落实、如何协调资源分配以及如何去对工作成果进行评价和反馈这些都是高校党委理应重视的。

从教务部门、学生工作部门、教学管理部门以及各个学院来看，体系不健全的问题要归因于这些组织之间的配合。就像是西方协同理论所提及的大的系统和小的系统的配合问题，当大的系统能平衡运转时，小的系统一定也是相互配合的；反之，小的系统相互之间对立矛盾，大的系统也会是一盘散沙，呈现混乱不堪的局面。高校的各个部门之间就像是这些小系统，如果这些系统之间没有协调配合好，那么党委部门作为大系统也必然会受其影响，下达的教育教学任务就完不成，育人体系也不能被健全。从教学环节来看，教师能否落实其教学任务、教育教学的质量能不能被学生所认可以及教学结果的考核与评价方式是否科学合理等，都会对育人体系的建设有一定的影响。教师的教育教学环节是高校教育最为关键的环节，育人体系机制能否被落实到位，教学任务能否顺利完成等都要通过教师的教育教学结果呈现出来，而当结果呈现之后，能否得到及时的评价和反馈也是这一体系的重要抓手之一。所以，在教师的教育过程中，对教师完成教学任务的考核机制，以及课程思政育人体系的完善等多个方面均具有至关重要的作用和意义。

当前，高校在课程思政建设方面虽然进行了有益的探索，一方面在教学实践的过程当中提倡将课程思政育人理念引入其中，另一方面在多方强有力的支持下，逐渐形成了一系列示范课程，但是在整体规划、实际运行和评估体系等方面，所提供的制度支持相对不足。由于育人体制机制的不规范化和缺位，课程思政协同育人难以得到有效的实施。

（一）顶层设计碎片化，主体责任不清

课程思政育人体系所包含的多元主体集合，包括学校党委及其领导下的各学院党委、学生工作组织等，必须将这一全新教学理念的实施，有效置于学校战略的高度，同时，从顶层设计的总体规划层面出发，对各个主体的工作责任具体范畴进行明确，也就是在最大程度上设计和规划好课程思政队伍建设的目标，构建一个完善的总体建设框架。在这种背景之下，各职能单位之间能够形成相互联系和制约关系。实际上，在课程思政理念下，构建全员、全课程的思想政治教育模式需要各职能部门之间的协同与配合。在此基础上，各职能部门之间建立起既相

对独立，又相互联系的协作机制来确保课程思政育人效果。但是，将课程思政工作纳入各职能部门的工作范畴，必然会引发原有部门工作的系统性调整，需要在多个具体环节上与课程思政进行有机衔接，因此，相关部门的工作落实必须从顶层设计的总体规划维度出发，把各个职能部门，通过不同的方式有机地融入课程思政教学改革系统中。同时，各职能部门也需要根据自身职能和定位对其相应岗位进行细分，从而实现"人""事"以及"物"三个层面的相互协调和统一，如制定明确的职责规划，以确保教务处、教师发展中心、人事处等职能部门的职能得到充分发挥。高校内部的各个部门之间在精细的分工体系下存在着强烈的界限感，导致它们无法自发地承担起课程思政建设的主体责任。由此可见，想要真正把这些责任共同融入课程思政工作的进展当中，必须进行顶层设计，同时对各职能部门有关课程思政建设的具体任务进行详细的划分。

（二）制度建构有待落实

第一，长效学习机制以及集体备课制度尚未得到相应的完善与落实。作为一种全新的思想政治教育育人模式，课程思政协同育人需要教学主体，尤其是专业课教师，通过适应与学习的具体过程，不断提升自身的素养和能力。从目前来看，专业课教师队伍中普遍存在着重科研轻教研、重教轻学等现象，这与当前高校开展专业课程思政课教学的要求存在很大差距。由于专业课教师的学科专业背景有限，他们普遍缺乏科学性和系统性的思想政治教育理论基础，并且缺乏有效的教学策略，这就使得专业课教师与其他学科教师相比更容易产生"水土不服"现象，难以充分发挥自身优势并为专业课程思政化提供支持和帮助。为了将专业课师资队伍真正融入课程思政建设队伍，必须建立长效的学习机制，借助制度化的合理学习方式，使专业课教师对课程思政的理解能力与执行能力得到进一步的强化，同时，还必须注重培养专业课程教师自身的理论素养与实践技能，使之具有较强的学科优势，从而实现专业课教师与高校课程思政的有机融合。考虑到专业课教师在以前传统教学过程当中运用的固定教学流程与模式，在课堂教学中通常缺乏对学生价值判断与形塑的相关能力，因此提前做好教学准备以确保专业课可以涵盖思想政治教育内容，是至关重要的。值得一提的是，为了在专业知识传授过程中准确把握思想政治教育的切入点,需要集思广益,建立集体备课制度,以发挥教师群体的集体智慧。

第二,课程思政教学所需的保障机制存在缺陷。专业课和思政课的教师均需要提高对课程思政的关注度,因为有些人将其视为自身教学科研之外的补充。鉴于目前高校在课程思政方面的相关保障配套机制设置不足,还没有完全将教师的后顾之忧所消除,所以有必要采取一系列的激励措施,以支持和鼓励教师积极参与课程思政建设,一方面为他们提供专项经费支持,用于加强优秀示范课程的开发力度,另一方面快速提高课程思政课堂教学的积极性和成就感。

(三)教学评估机制滞后

在教育价值观的指导下,运用现代教育评估的方法与技术,根据相应的标准,对学生的思想品德、学业成绩等多个方面的发展过程以及状况进行价值判断,以实现对学生的科学、合理的考核评估。通过对学生学习情况的分析和研究,为教学目标的制定、教学内容的选择以及教学方法的改进提供依据,从而达到促进学生全面和谐发展的目的。作为教育评估的基础和重点,同时也是学校教育评估的核心所在,教学评估机制的重要性不言而喻。所以,教师要想取得良好的教学效果,必须重视对学生综合能力和学习成果的考察和评价。对于教育评价而言,学校教育是一个历史悠久且永恒的议题,因为它涉及对学生的评估方式。随着社会经济的飞速发展,人们越来越重视人自身全面发展的要求。衡量一所学校教育工作质量的标准不仅在于学生的素质,更在于其作为快速提高学校教育工作水平的根本所在,以及关键要素的地位。因此,要想使学生得到全面发展,教师必须重视并认真做好学生的学习评估工作,只有这样才能促使学生不断成长、进步。建立一个合理的学生评估框架,并有效地实施学生评估,以推动学生的成长,已成为教育教学的一个重要目标。

现如今,学生在思政课和专业课中的评估主要基于学习成绩,而非情感态度和价值观,这导致了对学生的评估方式过于简单粗暴,呈现出"考试化"的趋势和特征。在评奖评优中,学生成绩占据了相当大的比例,同时,思想道德和社会实践虽然占据一定的比重,但并不占优势。此外,也可以发现,学生在此种评估体制下更注重成绩，很多学生在思想道德加分项中并不占优势。尽管考试成绩是对学生进行阶段性评估的标准，但传统高校的评估方式过于强调和关注知识传授，而非应试方面的操练，从而严重忽略了对学生理想信念、爱国情怀等素养的培养，导致课程内容转化为学生思想政治素质的评估，最终使学生在全面发展中出现了"跛脚"现象，这显然不利于促进大学生的健康成长和全面发展，不能有效地提高人才的整体素质。因此，为了实现学生的全面成长，高校除了需要在思政课教学中灌输思政教育之外，还需要帮助和引导学生在专业课程学习的过程当中树立正确的价值观。推进课程思政与思政课程协同的过程对专业课教师也提出了一系列的要求，但缺乏相应的评估机制用于确保这些要求得到切实落实。这就是我国现行的大学生评估制度所带来的弊端，它使得学生无法从客观上认识自己，不能真正体现出自身价值，不利于促进学生个性健康发展。高校在推进课程思政育人的进程中，对专业课程教师的育人要求并不苛刻，因此在对教师评估时，专业课教师的课程思政能力很少和评先、评优等因素有关联。尽管在高校各层级的考核当中均包含思想政治工作的考核要求，然而对于课程思政、课程思政协同思政课程，思想政治工作的考核指标和考核细则并未明确规定。

现如今，高校基层面临着各式各样的考核挑战，考核评价则是一把"指挥棒"，需要应对过多、过乱的情况，这让他们感到十分棘手。从当前来看，部分高校教师对课程思政认识不足，对于课程思政教育重视程度不够。对于绝大多数通过考核的人（包括教学院系和教师）而言，那些没有明确考核标准的工作通常不会耗费更多的时间和精力去深入研究和思考，所以专注于课程思政的人很少。高校教师自身必须具有一定的人文素养，只有这样才能胜任自己的本职工作，这就需要提高自身的综合素质来适应新形势下的社会需求。由于学科和学科之间的联系越来越密切，教师不仅需要掌握本学科的专业知识，还需要深入学习其他学科的知识，同时接受一系列的思想政治教育，以更好地推动学生在思想道德素质与科学文化素质的双向提升。目前，我国正处于改革创新阶段，社会主义市场经济体系不断完善，高等教育体制不断深化与完善，使得社会环境更加复杂，各种价值观念交织在一起，给人们带来许多新问题和新思维。随着经济全球化的深入，中西文化之间的价值冲突日益激烈，此种冲突对大学生与青年教师的思想观念均产生了诸多深远的影响。由于历史原因以及社会现实条件的限制，我国高等院校开展思想政治教育的时间相对较短，很多时候只是通过课堂教学来实现，课堂上师生之间互动不足，教书育人的效果并不理想。要想在高校思想政治教育中获得令人满意的成果，教师需要具备正确的理论武装和丰富的知识塑造能力。但很多教师在此过程中缺乏主动性，因此想要达到理想的效果还需长久的努力。专业课是大学课程体系中重要组成部分之一，它既担负着培养高素质人才的任务，又肩负着传承优秀传统文化、弘扬爱国主义精神和社会主义核心价值体系的历史使命。目前，专业课程的思政育人过程正逐渐显现出丰富的思政元素，专业知识所蕴含的价值取向和家国情怀等，已经显露出其内在的价值取向。专业课教师作为专业课的实施者，是课堂上传递思政元素最直接的力量，其自身是否能够树立正确的价值观念决定着课堂教学效果的好坏。因此，无论是专业教材还是课程内容，均必须具有时代性，除此之外，专业课程教师则需要具备正确和坚定的政治立场、意识，对课程背后的思想观念与情感态度进行深入挖掘，引导学生形成主流价值观，并承担起"立德树人"的时代重任。

在整个教学实践过程中，教学评估是一项至关重要的环节，使用专业、有针对性的评价话语，根据细致的评估标准进行反馈，是使教学效果得到快速提升的关键步骤。现今，专业教学评估小组正面临着一个核心问题，即如何重组、制定和跟进评估标准。在当前形势下，如何构建科学有效的高校专业课程思政教育质量评估体系显得尤为迫切和关键。目前，对于学科专业的教学评估，主要依据其教学过程与结果来实现，同时，高校还设有专门的教学质量管控机构、评估方式以及相应的评估标准。在推进课程思政教学改革的过程中，必须建立一套与之相适应的评估机制，以确保改革的深入实施。

首先，由于缺乏专门的评估机构规范和开展相关工作，课程思政教学评估任务的实施主体常存在模糊不清的情况。高校开展课程思政建设，需要建立相应的课程思政教育体系，构建完善的教学评估体系则是推进课程体系改革的关键环节之一。由于课程思政的本质是将思想政治教育巧妙融入专业课教学当中，因此，评估操作主体需要具备权威机构的强有力支持和对课程思政进行有效评估的相关能力，这也是当前课程思政主体所面临的挑战之一。对于课程思政教学评估的主体责任而言，需要进一步明确学校现有的教学质量管控部门是否具备开展有效评估的能力。所以，专门建立一支专业的教学评估小组，最重要的是把具有丰富教学经验的专业课教师和思政课教师纳入其中，这将有助于改善评估主体之间的模糊和推卸责任的情况。

其次，当前的课程思政建设，实际上和原有的教学评估体系、标准存在不协调之处。科研与教学在现今的学术评价框架下比例严重失衡，导致课程思政的展开空间受到一定的挤压，甚至对课程思政教学环节的完整性产生了直接的影响。课程思政建设过程中要重视学生内在发展需求，不能忽视对其心理层面的影响。专业课程教学中的思想政治教育效果评估，同课程思政建设存在紧密联系，需要对学生的正向价值判断以及价值形塑能力进行评估，并探究其内生动力的表现。可见，对学生的评估需要综合考虑其身心成长和价值取向等多个方面，不应仅局限于专业领域的评估。需要对课程思政进行教学过程性评估，以评估教师在专业课程中是否真正具备组织和开展思政教育的自觉性，并评估所采用的课程思政教学方法，是否实现了专业知识和思想政治教育的无缝衔接。在评估教学效果时，不仅需要关注学生对专业知识的掌握以及灵活运用能力，还需要建立起学生在信仰形塑、价值选择等多个方面的考察指标，以全面评估教学效果。课程思政的目标在于将专业课程中的思想政治教育真正内化于心、外化于行，然而如果缺乏一个可量化的指标来评估课程思政的教学效果，就无法借助直接的学业水平测试来赋予分值，这种情况某种程度上给现如今的课程思政教学评估标准制定带来了相当大的挑战，因此需要制定全新的标准，同时灵活应用并跟进。

第三节　高校课程思政与思政课程协同发展的推进策略

一、遵循协同育人的原则

（一）坚持主体性原则

主体性原则具体而言就是平等对话和共同发声。在教育工作中，一个至关重要的原则导向是正确处理教育主体与教育客体之间的"互联关系"，因为只有这样才能确保教学效果的最大化。但是，在具体的思政课教学实践过程当中，该原则导向出现了明显的偏离，特别是"填鸭式"和"灌输式"的教学情况依旧存在，严重影响了教学效果，呈现出严重下降的趋势。作为新兴的思政教育模式之一，课程思政已成为高校进一步加强与改进思想政治工作的重要策略。为了充分发挥课程思政这一重要抓手的作用，提高育人的实际效果，必须确立师生"教"与"学"两者之间的调性。教师在教学的过程当中必须在深刻理解"互联关系"的重要基础上，对以前过时的教学理念和教学关系进行改变与重构，摒弃以往单向的教学模式，采用"众人议""师生共同探讨"等教学模式。在此基础上，还应该注重培养学生正确的世界观、人生观、价值观及良好的学习习惯，提高学生的综合素质，增强课堂活力。在课程思政育人教学的过程当中，教师必须始终尊重学生的主体地位，将其视为一个具有独立思考和情感表达能力的个体，充分激发他们的积极性和创造性，使其积极、主动参与互动，营造平等对话和共同发声的良好教学氛围，让教学从"单向度"向"双向度"转变的同时，让学生在潜移默化中从"被动接受"向"主动接受"转变，让师生在对话和交流中深刻认识自我，思想得到进一步的升华。

（二）突出专业性原则

专业原则是以课程为基础，科学地融入其中。要想真正实现"立德树人"的根本任务，就必须将专业知识与思想政治教育有机结合起来，从而形成具有学科特色的育人模式。每一门课程的定义都蕴含着作者的哲学假设与价值取向，同时也隐含着某种意识形态和对教育的某种信仰，这些因素共同构成了其独特的思想体系。同一专业课程中包含多种思想政治内容,也会因教师的教学理念有所不同,这就造成了课程与思政之间具有一定程度的交叉融合性。尽管各个专业的课程设置不尽相同,但无论何种专业所开设的课程,均蕴含着丰富的思政元素。除此之外,因为不同类型的课程在性质、特点等方面存在较为明显的差异,所以,它们所蕴含的思政元素也是各不相同的,就像自然资源的空间分布不平衡一般。

思政元素的蕴含量在不同的课程中呈现出差异,具体表现为数量的多少,同时在教学目标与要求上又有所偏重。在思想政治元素的内涵方面,也存在着各自独特的侧重点。从专业角度来看,各专业课程中包含了丰富多样的思想政治教育资源。例如,文史类学科所涵盖的主题主要包括爱国情怀、文化自信等;理工类学科注重培养工匠精神、创新意识等;艺术类课程则侧重于审美情趣的培养、艺术素养等;在医学类课程中需要强调的是加强医德医风教育,培养具有敬佑生命、救死扶伤精神的医护人员,等等。总之,课程思政建设要与专业知识有机结合起来,在进行课程思政教学的过程中,教师应当坚守自身的专业定位,并且充分尊重课程内在的规律,以确保教学的有效性和质量。

在保持专业性质不变的前提下,针对不同专业课程的特点,积极组织和有序开展思政内容的深度挖掘与开发工作,遵循科学理论与实践体系,同时与课程目标相结合,选择合适的思政元素,并巧妙融入课程教学内容当中,让学生在获得科学专业知识的时候,也可以受到崇高思想的熏陶,从而使自身修养得到较大幅度的提升,而非"为了融入思政元素"而融入。

(三)把握协同性原则

协同性原则简单来说就是同向同行、合力育人。协同主要指的是各个子系统在相互协作、协调的过程中,逐渐形成协同效应,最终实现 1+1>2 的整体协同效应。由此可见,教育和教学过程中必须加强师生之间的相互支持与协作才能实现教学相长、共同提高。"工作上出现问题,往往不是哪一个人不合格,或者犯了错,而是因为合作不好,形成了几套马车。"[①] 因此,在高校教学中加强课程思政建设,可以更好地培养学生的职业素养和综合素质。在这样的育人共同体中,每一名教

---

① 邓小平. 邓小平文选(第1卷)[M]. 北京:人民出版社,1994.

师都将成为学生成长过程中的良师益友和引路人。课程思政作为具有创新性的思想政治工作理念之一，重点强调挖掘每门课程的育人潜力，充分激发各类教师的育人热情，以建立一个完整的育人共同体。这一育人共同体所倡导的思政理念、育人目标和价值追求，对于协同合作的实现提出了更高层次的要求。

为了提高课程思政育人效果，教师必须深刻理解课程思政的内涵，认识到育人共同体是错综复杂的育人系统，一定会呈现出整体性的特征。从本质上讲，它是一种基于知识生产逻辑和价值创造逻辑相统一的过程性教育实践活动，具有鲜明的主体性、实践性、生成性等。为了实现 1+1>2 的课程思政育人效果，必须将教师和教师、学科和学科、课程和课程之间的隔阂打破，促进教师、学科以及课程之间的紧密合作和交流，建立起协同一致、合力育人的思想政治工作格局，从而打破"单打独斗"的局面。因此，在专业课程中融入思政元素是促进学生成长成才和高校"立德树人"的必然选择。要实现课程思政育人效果的提升，必须建立起专业课教师与思政课教师之间的紧密协作机制，以打破"单打独斗"的局面。

（四）遵循政治性原则

为了确保思想政治教育的完善，推进课程思政育人工作的顺利开展，教师必须始终坚守政治性原则，坚定支持党对我国高等教育事业的正确领导，秉持社会主义办学方向，认真践行社会主义核心价值观。在推进课程思政协同育人进程中，各教学主体应当始终坚持以政治为导向的原则。

第一，在教育实践中，必须以社会主义办学方向为指导，确保育人始终保持正确的方向，不出现任何偏差。在坚持正确导向前提下，还要注重把握好育人目标与培养规格之间的关系，使培养目标既符合社会发展需求又体现时代特征。确保教育方向的正确性，以马克思主义为指导思想，积极占领意识形态斗争的"前沿阵地"，对各种错误思潮持坚决抵制的态度，大力弘扬社会主义核心价值观，培养时代新人承担起民族复兴的重任。

第二，进一步提升课堂教学的质量，把好教学内容的质量，教师除了需要具备敏锐的洞察力之外，还需要具有一定的辨别与批判能力，有针对性地重点剖析、专题讲解和有效整合引发学生思想观念困惑的内容，以确保教学效果最大化。要在课堂形式上把好关要充分发挥思想政治课教学的特点,将"立德树人"作为核心任务来落实。只有秉持坚定的政治信念,坚定不移地朝着社会主义育人方向前进,方能确保课程思政育人的总体方向准确无误。

(五)遵循可行性原则

对于各类课程的教学而言,课程思政相已经超越了单纯的知识传授,它拓展了教学的价值观维度,为学生提供了更为全面的教育。为了实现课程思政教学的有效开展,教育主体必须严格遵循可行性原则,对各类课程中的思想政治教育资源进行深度挖掘,以满足知识传授和价值引领的不同课程教学需求。

第一,在协调各类课程和思想政治理论课之间的关系时,必须确保两者相互促进,同向同行,共同发挥思政的育人功能。为了进一步优化和完善高校思政教育的整体环境,应解决专业课教学与思想政治教育脱节的问题,积极探索思政协同育人的课程模式。课程思政并非单纯地将思政教育元素融入其中,而是通过构建一个包括思想政治理论课在内的各类课程的全面育人体系,实现课程思政育人。课程思政与专业课程体系建设存在着密切关联,二者都需要遵循一定的规律进行发展,但是两者又具有各自不同的价值取向。为了确保课程思政协与育人工作的无缝衔接,必须妥善处理各类课程与思想政治理论课之间的关系,深刻认识到课程思政对实现"立德树人"根本任务的至关重要性,借助不同的手段和方式促进各类课程,与思想政治理论课在教学实践中保持一致性,同时将协同作用充分发挥出来。

第二,必须确立课程思政协同育人的主体地位,这是实现其教学活动的先决条件。把握好课程思政协同教育教学之间的关系,这不仅有利于发挥二者各自优势,而且还能够促进两者协同发展。值得一提的是,课程思政协同育人的主体并非仅限于各专业课教师,也涵盖了思政课教师以及思想政治工作部门,这是广义上的概念。

第三,在课堂教学中,必须精准地理解教学内容与思想政治教育之间存在的内在联系,并对其中蕴含的丰富思想政治教育资源进行深入挖掘。同时,还要将课堂教学融入思政课实践活动中,以丰富的课程内容为依托,提升大学生对课程的认同感，增强他们参与思想政治理论课学习的积极性。课堂不仅是高校育人主渠道之一，更是课程思政的最直接载体，只有在专业课教学和思想政治教育之间实现完美的衔接，才可以真正让学生深刻认识到课程思政的重要价值，并积极主动参与到互动交流中。

每所高校均有其独特的发展规划与办学特色，在坚守社会主义办学方向的过程当中，不仅要严格遵循思政教育规律，还需遵循思政工作的运行规律，通过对课程思政工作与建设方案加强、完善以及优化，将学校在课程设置等方面的独特特点进一步凸显出来，同时，以自身的人才培养目标为导向，推动本校的课程思政特色，从而彰显学校思政教育的独特魅力。为了跟上时代发展的步伐，需要从新的教学环境以及当代青年成长、成才规律出发，对教学的理念与方法进行持续性的改革和创新，以赋予课程思政育人独有的时代特色，推动和促进课程思政的时代化和科学化。要结合当前社会背景下大学生群体的特征以及学生学习与生活的现状，积极发挥好教师教书育人作用，努力提升课程思政教学的质量和效果。为了尽可能避免课程思政育人流于形式，同时确保系列教育活动的顺利开展，必须按照专业课程的实际教学情况，精准把握其中所包含的内容载体，以确保思想政治教育的有效性。

二、抓住协同育人的契机

（一）发掘协同的合理切入点

1.将思政课实践教学环节与大学生社会实践相结合

思政课的实践教学可采用多种形式，如采访、讨论等，使学生亲身体验现实生活，从而在实践的过程中逐渐加深对理论的理解与感悟。目前，高校思政课实践教学活动存在着重课堂教学轻课外实践的问题，导致教学效果不明显。采用走访调研、支援服务等多种形式的大学生社会实践活动，引导学生走出校门，与社会互动，能够使学生对社会的认知与理解得到相应的提升。在此基础之上，将两者有机结合起来，形成合力，可以使大学生更好地成长成才。思政课实践教学和学生思政教育在某种程度上呈现出相似之处，两者均强调了培养学生的实践能力以及育人的实践性。

为了实现思政课实践教学的协同，教师可以通过组织学生参观烈士陵园、博物馆等活动，将爱国主义、中国精神等思想政治教育内容渗透其中，以生动的体验和案例吸引学生的注意力，同时也可利用课堂上的知识来丰富社会生活，引导学生参与到社会活动之中去，从而增强思政理论课与实际相结合的效果。在思政课实践教学中，教师通过多种形式的教学活动，如辩论赛、微电影等，以促进学生思想政治教育的深入开展。

2. 将思政课课程内容与常态化主题教育内容相结合

高校应该积极寻觅主渠道和主阵地教育内容的交汇点，以实现教育内容的无缝衔接。例如，高校开设主题班会、社会实践等德育课程时，要重点把这些内容融入课堂教学当中；将道德模范的学习内容与辅导员联合开展的"学雷锋"活动相融合，邀请劳动模范、时代楷模等优秀人物到校演讲；通过将毛泽东思想和中国特色社会主义理论体系概论课与日常思想政治教育中的国际形势分析相结合，以促进人类命运共同体教学的构建。通过上述方式，在学生心中建立起正确的世界观、人生观和价值观，从而使之自觉践行社会主义核心价值观。马克思主义基本原理课的开展，需要结合日常思想政治教育中对国际和国内形势的深刻认识，以及对资本主义和社会主义本质等相关内容的深入分析。

3. 将网络思想政治教育与传统思想政治教育相结合

第一，明确网络思想政治教育的重点，有针对性地制定措施，以学生喜闻乐见的措辞、易于接受的方式，全方位呈现传统思想政治教育的内容。

第二，为了将网络打造成为日常思想政治教育的前沿阵地，同时也成为思政课重要的育人课堂，需要采用慕课、云课堂等多种形式进行教育教学活动。

4. 将"以学生为本"作为两者之间的协同的出发点

教育应当强调以学生为中心的理念，协同则需要从学生的角度出发，深入挖掘学生感兴趣的领域以及未来发展的需求，以发现主渠道和主阵地之间的协同入口。在实际工作中，高校应通过多种方式实现师生之间的有效沟通和信息共享，让教师成为学校文化传承与创新的推动者、教育者，使学生成为学校学习生活的主体。例如，主阵地的日常思想政治教育具有高度的渗透性和广泛的覆盖范围，和学生的利益息息相关；和学生的兴趣相契合，等等。思政课教学应当紧密结合学生的健康成长和现实需求，有针对性地融合教学内容，以更好地满足学生发展的需求。

（二）抓住协同的最佳时间点

1. 抓住重要纪念日开展"四史"教育

对于大学生思想政治教育而言，历史纪念日是一个重要的契机，因为它为大学生提供了深入了解"四史"的机会，从而更好地进行教育。通过挖掘并利用好这一契机，可以让高校思政理论课教学与爱国主义教育相融合，提升课堂教学实效性，增强育人效果。在重要的纪念日和节日到来之际，需要在思政课上运用教学大纲，以"四史"的历史知识为基础，深入解读其现实意义，从而培养学生的家国情怀和使命感；在日常的思政教育中，应当适时展开专题实践活动，以促进学生的思想觉悟和政治素养的提高，通过各种形式将"四史"融入学生日常生活之中，潜移默化地影响着他们。例如，在3月5日，启动名为"学雷锋"的活动，通过组织校内志愿服务和广泛宣传雷锋精神等方式，激励更多人投身于雷锋精神的实践中；在清明节期间，举办一场缅怀革命先烈的活动，邀请革命前辈们分享历史故事、观看爱国主义影片等，以表达对先烈的敬意和怀念；在国庆长假期间，举办一系列主题为"祖国巨变"和"家乡变化"的征文和演讲比赛等活动；在庆祝香港、澳门回归纪念日活动中，探讨"一国两制"制度所带来的优势，并组织一系列关于两岸关系的主题演讲，等等。

2. 抓住学生发展的重要节点，组织适应教育

思想政治教育的重要时间节点包括新生入学、考试周等，这些时刻需要高校的精准把握。在这些时间节点上，思政课与日常教育应当充分利用有利的环境与时机，对学生开展适应性教育和适度的科学、正确引导，以达到最佳效果。例如，思政课教师可以在毕业季，与学生探讨个人理想实现、公民道德建设等相关议题，以帮助学生掌握毕业后所需的知识，缓解初入社会的焦虑感和离校的失落感，同时还可通过举办主题班会或社团活动来为毕业生搭建沟通平台，让他们了解学校的育人环境及特色课程设置情况，增强自身归属感和认同感。辅导员可以在日常

的教育过程中，与学生毕业相关的活动相结合，策划并实施感恩母校留言、为未来的自己写一封信等不同类型的活动，以帮助学生提前做好融入社会的心理准备，有效缓解角色转变所带来的不适情况。通过以上措施，让学生在完成思想政治理论课的课堂任务同时也能感受到来自学校、家庭以及社会的关怀，从而使他们对高校有一个更加深刻的了解。通过理论与实践的双重引导，学生可以快速适应大学生活的各个阶段，从而更好地规划自己的学习以及未来发展的方向。

3. 抓住社会热点事件，开展意识形态教育

作为党的一项极为重要的工作，意识形态工作在高校这一"前沿阵地"上扮演着至关重要的角色，因此，高校必须承担起自己的职责，通过对社会热点事件的深入分析和解读，最大限度为意识形态教育提供了丰富的素材与机遇。无论是思政课教师还是辅导员，除了捕捉社会热点之外，还应该关注学生不同的心理需求，让他们深刻领悟中国特色社会主义制度的优越性，明确错误言论背后的本质诉求，在不被误导的同时，保持积极的心态。

4. 针对教材讲授顺序，安排主题教育

思政课教学大纲的编写顺序应与学生的前置知识储备以及接受能力相契合，尽可能多地为教师提供时间参考。日常思政教育与其相比较，则相对灵活，缺乏严格的时间节点规定。所以，为了实现学生"知行合一"的目标，必须强调两者课程讲授顺序相互匹配和协调，以达到协同效应。以高校思政理论课为例，将课前准备、课堂讲解、课后辅导三个阶段有机结合起来进行设计和组织，有利于提高思政课教学效果，促进大学生健康成长、成才。《思想道德修养与法律》是一门必修课程，涵盖了人生观、理想信念等多个方面的教育内容，针对大一新生开展的专项教育引导活动，如"我的人生理想"演讲比赛等，旨在通过理论引导与思想教育，与学生的思想、学习生活实际更加贴近。

（三）创新协同的关键突破口

1. 构建"十大"育人体系

构筑"十大"育人体系，实际上是将一体化协同育人理念融入其中的具体体现。通过对"十大"育人模式的研究分析发现，其共同特点在于强调教育主体间

的深度融合，这种理念也符合新时代下大学生思想政治教育发展需要。因此，必须抓住构建"十大"育人体系这一创新突破口，以推动和促进主渠道、主阵地的协同发展。在"十大"育人体系中，育人内容被分解为主渠道和主阵地协同育人，根据不同的育人功能，把育人工作划分为更加具体、全面的层次，同时，借助多种育人体系的构建，让协同育人操作层面变得更加详细和具体，也更有利于践行实施。

2. 推进课程思政建设

2020年，教育部印发《高等学校课程思政建设指导纲要》，提出全面推进高校课程思政建设，发挥好每门课程的育人作用，以提高高校人才培养质量。[①] 这是一项具有重要意义的教育理论创新，其课程思政与思政课相似，虽然均采用教学形式进行学科专业教学，但其实也属于日常思政教育的范畴，可见课程思政的构建和建设可以有效促进大学生思政教育的协同发展。为了实现思政课和其他课程之间的有效协同，必须让思政课将其显性价值的引领作用充分发挥，其他各门课程则应按照自身特点自觉融入思政元素，从而将其隐性价值的陶冶作用进一步发挥。

3. 发挥科研育人功能

高校思想政治工作的有效补充，以及主渠道与主阵地创新的重要抓手，在于充分发挥科研育人功能。目前，高校科研育人存在着理念错位、目标定位模糊、主体意识淡薄等问题，需要建立一种科教协同育人机制，将教学和科研资源有机结合，同时，设计教学大纲和科研计划，将科研成果有机、灵活地应用于教学活动当中，从而真正实现教学与科研在育人中的相互促进、协同发展以及"同频共振"。科学研究必须遵循学术规律，注重学科交叉融合，发挥教师主导作用，同时要重视学生主体地位。在协同育人的过程中，必须充分发挥思想教育的功能，坚持正确的价值取向和意识形态，以达到科研育人的目的。

（四）扩大协同的有效覆盖面

1. 需要实现教育、管理和服务三个方面的一体化，以达到全面育人的目的，即实现教书育人、管理育人和服务育人的统一

教书育人是教师所授之教学内容，不仅能够启迪、教育和感染学生，更能够

[①]《高等学校课程思政建设指导纲要》发布[J]. 中国电力教育，2020（06）：6.

在教书育人的过程中为其提供深刻的思想启示；管理育人是学生的思想道德状况受到管理者角色在多个方面的立体化影响；服务育人是学生在接受教育的过程当中，受到服务人员的态度、敬业精神等多个方面的影响。在推进大学生的成长和成才过程中，三者之间形成了一种有机的相互依存关系，彼此之间相辅相成，缺一不可。一是以"立德树人"为核心任务，从政治理论到社会实践进行全方位渗透，在思政课、专业课等各类课程的教学过程中，必须通过科学的课程设置、教师精心设计的课程教学以及丰富多彩的相关活动，以达到培养人才的目标。二是学校的领导和基层管理人员需要运用行政与党务的管理手段，实现在学校管理过程中培养人才和育人育德的目标，同时，发挥好班主任老师以及辅导员等任课教师的作用，使他们能够充分发挥自身优势，为学生进行德育教育提供良好的条件。在管理工作中融入思想教育，以引导学生遵守日常规范和行为规范。三是为了实现育德育人的目标，后勤部门和其他职能部门需要通过学校提供的后勤服务和其他服务环节，加强对学生服务意识的培养。除此之外，为了提高教育的亲和力以及感染力，还需要重点关注学生在实际生活中所遇到的困难，并树立科学、合理的服务意识，不断提升服务质量。

2. 将困难资助、心理辅导以及创业就业相统一

在学生教育管理中，心理辅导、困难资助和创业就业等方面的不足可能会给学生的教育带来严重的不良影响与损失。一是在进行心理辅导的过程当中，应特别关注家庭经济困难、创业就业遭遇挫折的学生群体，将其列为重点关注对象，并在问题出现之前，对他们进行及时的心理干预。二是在高校毕业生人数逐年增加的同时，一些大学生因不能顺利找到工作而失业，甚至面临失学困境，对于患有心理疾病或创业就业失败的大学生，应当提供适度的补贴。因为近几年，大学生群体中抑郁症、焦虑症等心理疾病的发病率相对较高，并且治疗费用也不低，导致许多学生因为经济压力选择逃避，从而形成一个恶性循环。所以，有必要向这批学生提供经济援助，以促进将心理治疗费用纳入学生医保报销的范畴。高校应当建立以心理健康教育为主线，以就业指导服务为辅的多层次服务体系，加强心理咨询与辅导工作。有些在创业与求职中遭遇失败的学生，遭受了财务上的损失或失去了经济来源，为了尽可能避免他们陷入堕落或走向极端，可以在困难资

助中专门拨出经费，将其作为就业补贴以及创业鼓励金。三是创业就业教育应当重点关注那些心理或经济上存在困难的学生，在他们求职以前，为其提供就业辅导、面试模拟等相应的服务，有针对性地向他们推送就业信息，跟踪关注他们的就业进展以及心理状态，以帮助他们顺利进入职场和社会。

3. 统一第一课堂和第二课堂的教育

在教学过程中，第一课堂主渠道是一种常规的教学方式，通过参与课堂教学活动，可以有效地展开思想政治教育工作，因此，把第一课堂作为一个整体来抓具有十分重要的意义；第二课堂主阵地教育的核心目标在于通过富有生气和活力的文体活动、校园文化建设活动等，以科学理论为具体指导，通过亲身实践和身体力行第一课堂学习成果，加强大学生在思想政治方面的觉悟与理论素质的教育，引导他们树立成长和成才的主动性，同时，进一步增强对国家、社会以及人民的历史责任感与使命感，这实际上也是对大学生开展思政教育的一个关键途径。为了实现教育过程中两个课堂的有机结合，必须在多个方面进行有机融合与协同，如人员、空间等，以达到最佳效果。第二课堂教学要丰富课程内容，拓展知识视野。第二课堂的场地和活动为第一课堂提供了有力的支撑，从而促进了理论与实践的有机结合。第二课堂要依托学校图书馆、实验室以及校外实训基地等教育资源，通过举办讲座、观看电影电视等形式加强师生之间的沟通交流和互动交流。例如，教师在教学的过程当中结合课程学习内容，引导学生积极参与并完成相关主题的实践活动，同时把这些实践活动纳入期末考评成绩，鼓励和激励学生主动参与科技竞赛和理论宣讲等第二课堂活动，以提高学生参与第二课堂活动的主动性和积极性。在第二课堂的开展过程中，应该以第一课堂的教学内容为基础，设计出具有一定思想引领与价值导向作用的活动，以帮助学生及时发现问题，同时，把思想动态与理论困惑及时反馈给第一课堂管理部门与任课教师，从而在理论层面帮助他们纠偏和坚定信仰。

三、建构以思政课程为核心的运行机制

创立课程思政的初衷并非在于削弱或者替代思政课程，而是为了将其引领作用淋漓尽致地发挥出来。所以，要想将课程思政与思政课程有效地结合起来，就

要建立同向同行运行机制,建立一种以思政课程为主要核心的同向同行运行机制,以促进课程思政和思政课程的有机结合。

四、加强课程思政建设的制度保障

(一)推动高校党委主体责任制的落实

为了实现思政课程和课程思政的有机结合,必须建立学校党委、院系、职能部门之间的协同合作机制,以实现齐抓共管、各负其责的工作模式,并构建一个完整、全面覆盖的管理链条,确保校党委的主体责任得到切实有效的履行。发挥好"两个作用",即充分发挥党组织对学生教育管理工作的领导作用,发挥学生党员先锋模范带头作用。高校党委应当承担起主体责任,加强与改进思政课程和课程思政,这是管党治党和办学治校的一个重要方面。在集体备课的过程中,校党委书记、校长以及校党委干部都需要引导教师共同参与,以促进思政课程和课程思政的有机结合,从而获得更多的建议、方法和机会。学校要充分发挥政治核心作用,通过教师之间的相互学习交流、沟通,形成合力,提高教学质量和效果。

(二)为转变教学理念提供有力保障

从高校高层的视角来看,必须建立一种观念培养机制,即将思想政治教育有机地融入管理过程中。为了提高学校管理层的思想观念水平,学校党委需要建立一套完备的理论学习和政策学习体系。在教学实践中,需要建立完善的管理体系,包括但不限于听课、督导机制等,以便将理论观念有机地融入实际教学当中。另外,作为一线的教学管理干部,要善于发现问题并且及时解决,这样才能够提高教学质量,为学生树立良好的榜样。要建立一种思想政治教育融入普通教学的观念引导机制,专业课程老师必须深刻认识到课程思政和思政课程同向、同行的重要性,同时,积极传播和交流思想政治教育理论知识与具体方法,并将其灵活应用于课程教学之中,通过对经验的总结和教学过程的优化,使教学效果得到较大幅度的提升。

(三)建立健全学生工作制度

在教育与管理的全过程中,积极贯彻学生工作的理念是必不可少的。在此过程中,高校应当结合时代发展需求以及社会实际情况,不断优化育人环境。为了提升学生队伍建设的水平,必须通过不同的方式努力加强教育管理的能力,提高价值引领的力度。在当前新时期,高校应当加强对学生的思想政治教育,帮助他们树立正确价值观,借助最新的马克思主义中国化成果和科学理论,引导他们深刻认识到将人生第一粒扣子扣紧的至关重要性,从而为他们迎接美好未来提供强有力的推动。

从师德师风建设水平的层面看,高校应该鼓励教师以高尚的品德为立身之本,以卓越的品德为学习之本,以高尚的品德为教学之本,以高尚的品德为育人之本,即以德立身、立学、施教和育人。通过充分发挥课堂教学的思想政治教育功能,协调发展各类课程和思想政治理论课,如基础课、专业课等,从而实现协同育人的目标。除此之外,高校应当建立以辅导员为核心的教师队伍结构体系,并通过多种途径加强这支队伍的培养力度,充分发挥高校辅导员队伍的作用,通过加强其自身修养、完善制度机制,提高其专业素养,从而有效发挥他们的桥梁纽带作用。

从干部队伍的层面看,需要不断提升服务意识,以成为引导大学生全面成长的引领者。在坚守各项基本原则的前提下,学生干部应该充分尊重学生,积极践行大学生的思想引领工作,担任心理辅导师的职责等。

第四章 高校课程思政育人的实效性

本章主要论述高校课程思政育人的实效性，包括课程思政育人实效性的内涵与评价标准、高校课程思政育人实效性的价值体现、高校课程思政育人实效性的发展趋势。

第一节 课程思政育人实效性的内涵与评价标准

一、课程思政育人实效性的内涵

在教育领域中，有一个重要概念"实效性"，对于教育来说，紧跟时代是非常重要的。最新的思政内容要及时讲，过时的思政内容并不适合再次传输给学生。"实效性"强的思政内容也是国家和教育工作者应当不断遵守的原则。如果高校思政教育不能结合当下，总是重复过时的内容，就说明这些思政教育是失败的。我们不仅要讲好课程内容，让学生们知道教师讲述的"是什么"；更要让学生们讲理论联合实践，让学生们知道"怎么样"。

对于高校思政教育"实效性"，我们应当从学生和教师两个不同的角度来看。首先是学生的角度。学生的"实效性"意义在于让学生自愿接受思政内容，并理解这些内容，将新获得的思政内容与之前的知识体系进行新一步的融合，最终将学到的新内容结合实践，做到不仅改变学生认知，更要改变学生行动。除此之外，还要对学生的坚持与意志进行磨炼，可以采用复习的方法巩固这些思政内容，让学生长时间改变自己这些行为。除了课上思政内容的讲述外，还可以在各种环境中对学生进行隐形的思政教育。比如校园环境，这也要求校园的环境应当做到"实效性"。从教师的角度来看，教师的教学内容不仅会改变学生的认知和行为，也会强化、改变教师自身的认知和行为。在进行思政内容的教学活动中，教师也能收获更强的教学能力，对政治理解更加全面深刻，最终提高自身的综合职业能力。

对于课程思政，我们不能单独把它充课程内容中拆分出来，因为它是具有系统性的复杂教学内容。课程思政内容的实效性可以分为课程思政与人要素的有效性、课程思政育人过程的有效性和课程思政关于育人结果的实效性。这三者共同构成了课程思政的系统性，三者相互依存且相互影响。教师做不到将三者完全拆分，比如某节课想要只做到三者中的某一项完全不顾另外两项，但也要注意三者的平衡。只有课程内容将三者都覆盖，都彻底进行才能做到学生的全面发展。三者中课程思政要素的有效性是基础，其主要讲述的是课程思政的具体内容，是具体的知识或者具体的事件，也是课程思政的前提；课程思政育人过程有效性是课程思政要素实效性和课程思政结果实效性之间的纽带。它是课程要素有效性转化为课程结果有效性需要实施的内容，它对于课程要素有效性有着检验效果，如果课程思政要素不具备有效性，那么课程思政过程就无法有效进行。它对课程结果有效性有着转化产生的作用，只有经历过课程过程有效性才能将课程要素有效性转化成课程结果有效性；课程思政育人结果时效性是最终目的，课程思政的最终目的就是改变学生的认知与行为，那么课程是否改变了学生的认知与行为就是检验课程结果有效性的标准，课程结果有效性就是最终学生通过思政课程改变了什么，课程思政结果有效性是最终目的，因此，它的产生必须要在课程思政要素有效性与课程思政过程有效性的基础上才能产生。

高楼建设的第一步就是打地基，思政课程也是如此。只有把内容的基础打好，才能不断建设思政课程的高楼。对于高校课程思政育人实效性来说，教育工作者也必须做好基础。首先，我们要弄清什么是课程思政？怎样做到课程思政的实效性？课程思政育人功能怎么发挥？有什么作用？只有先解决了这些问题，我们才能真正把思政内容融入教学，做到为学生服务，真正实现课程思政的育人实效性。

作为教育工作者，首先要做到的是理解课程思政。只有教师先理解了课程思政的和弦，才能更好地将思政内容融入课堂当中。课程思政是近些年才兴起的表述，这个词语出现的历史并不悠久，目前还没有专业的机构对这个词语进行严格的定义，但教育学界还是对这个词语进行很多解释，目前对课程思政的解释主要分两种方向。第一种方向认为，课程思政应当包含所有高校课程，包括专业课、思政课与选修课等；第二种方向则认为除了高校思政课之外的课程便是课程思政涵盖的课程范围。简而言之，两种观点的主要分歧点就是无法确定思政课包不包含在课程思政之中。从目前的学术界对课程思政的研究来看，恐怕这种争论还会继续持续下去，课程思政更为准确的定义还需要各位学者、教育工作者继续深究，为更为广大的教学提供理论基础。

课程思政这个词由"课程"与"思政"两部分组成。如仅仅粗浅地理解，这个"课程"二字并没有任何限定，应当包含所有课程，当然也包括思政课。但是若深入探究，可能会出现不同的意见。受我国教育现实影响，我国教育对于学生的思政教育主要在思政课课堂当中，其他科目参与学生的思政教育的内容极为有限，虽然我国一直在提倡在其他科目中融入思政教育，但大多一般科目课堂中的思政教育还处于形式主义，对大学生的思政教育，尤其是对其行为的改变效果微乎其微。为了不再让思政课孤军奋战，课程思政的概念油然而生。因此，从课程思政诞生的过程中可以发现，这个概念的诞生就是为了解决其他课程在思政方面涉及太少的问题，思政课程本身的目的就是对大学生进行思政教育，并不一定要将思政内容与课程融合。因此，笔者将主要聚焦于其他科目的课程思政研究。

虽然目前学界对课程思政的严格定义还没有形成，但综合各个学者对课程思政的探讨可以大致确定课程思政的概念表述：课程思政既包括思想政治教育理念，也包括思想政治教育方法。它指非思想政治课的任课教师在其教学过程中以树立品德、以德育人为落脚点，将思想政治内容深入到自己的课程与知识当中，在传授知识的同时，直接或间接地对学生进行思想与价值观的引领，最终改变其观念与行为。由于高等院校学生的学习内容以专业课的学习为主，因此，专业课的教师是完成课程思政的主要力量，专业课是课程思政的主要载体。

对于课程思政的研究，很少学者会将课程思政的实效性作为研究重点。有些学者认为课程思政的实效性是指教师通过课程思政对于学生进行思想政治教育的效果，它既包含每一个学生的个人教育层面，也包括对于学生群体的社会层面。

结合这些思想与之前对课程思政的概念表述，我们可以将高校课程思政的实效性表述为，高校非思政课程的教师在其课程当中加入思政内容对学生进行教育，通过或显性或隐性的方法改变学生思想政治方面的理念或行为，并判断大学生实际改变的观念、行为与教学前预期的目标是否相同。

当我们将眼界放得更长远一些时，课程思政涉及人的方面除了当代大学生外，还有教师这个施教群体。由于课程思政的创新性以及出现时期较短，课程思政对于现代大学非思政科目教师来说必定是一种全新的挑战，非思政专业教师需要进行改变，不断提升自己的能力。除了学习思政方面的知识，以便于将这些内容传授给学生外，还需要不断提升自己的专业知识，只有自身专业知识过硬，才能将思政内容巧妙自然地融入课程教学当中。在教学活动中无论是学生还是教师都会进行"多方面提升"，这些"多方面提升"对于教师也是具有重大帮助的，换句话说，课程思政其实并不只针对学生的思政观念与行动，它同样能帮助高校教师不断转变自己的思政观念与行为。

对于思政课程效果的分类，我们可以根据效果的直观程度将思政课程效果分为显性效果与隐性效果。课程的效果也许人的行为一样，有的外显，有的内隐。当我们要区分课程效果的显隐性时，可以从课程影响的主体来看。对于现代高等教育课程来说，其影响主体必然是大学生。课程的显性效果主要是课堂中的内容，如大学生愿意接受并且积极参与思政教育，是课堂中直接对大学生的思想转变的正影响。也可以从教师的角度看，课程的显性效果是教师在课上育人态度、育人能力的增强。而课堂的隐形效果体现在课后，比如学生在课后的日常生活中是会因课程中思政内容而改变自己的行为与道德品质。从教师的角度来看就是通过教授课程是否改变了自身的师风师德、思想觉悟等。显性效果有着明显、易被察觉的特性；而隐形效果有着不明显、不易被察觉的特点，二者辩证统一。在高校的教学实际中，我们衡量课程思政的效果，往往只能通过显性效果判断课程思政的效果，但是显性效果往往具有表面性、易消散性、短期性等特征，虽然课堂上好像对学生的思想观念进行了重大改变，但也许过一阵子学生的思想观念又会消散。而隐性效果有着不易消散、长期性、深刻性的性质，思政课程的隐性效果可以对学生思想进行长时间甚至是永久的改变，但隐性效果不易察觉也很难直观地进行数据化衡量。显性效果易察觉，但持续不长久，隐性效果持续更久，但难以察觉。这样的矛盾让怎样评判课程思政的实效性成为一个困难的挑战。

对与课程效果的角度不同，我们还可以将课程思政的效果分为宏观效果和微观效果。课程思政出现的目的是更全面地培养学生，学生除了要学习专业的知识技能丰富自身的能力外，还要在学习知识的过程中不断提升自己的思想品德，做到全面发展自我。大学教育是为祖国培养社会主义的建设者，课程思政的内容也涉及为谁培养、培养怎样的人。因此，课程效果的宏观角度是从整个国家与社会的视角来看课程思政的效果的，课程思政的实效性的时间角度也不仅仅集中于一个学期或者几个月，而是一个较长的时间角度，比如从宏观角度看课程思政实效性，就要分析在某个时期课程思政对社会主义建设起到哪些作用，对中华民族伟大复兴、人民安居乐业有哪些效果。而课程思政的微观角度就是从个人角度来看的，其时间性不可能在一个较长的时期内了，可以从一个学期或一个学年的时间范围进行分析。课程思政的微观效果主要体现在课程思政的教学对师生个人有哪些改变，如提升了哪些品质、获得了哪些思想成果以及做出了哪些行为等。课程效果是宏观性与微观性的辩证统一，课程效果的微观性是课程效果宏观性的基础与构成，没有课程效果在个人方面的微观性，便不可能存在国家、社会层面的课程思政效果宏观性。课程效果的宏观性也会反过来影响课程效果的微观性，国家、社会的整体道德效果的提升也会对个人道德与思想观念进行正向提升，为个人带来更好的发展机会。

二、课程思政育人实效性的评价标准

课程思政的评价对课程思政内容的设定起到至关重要的作用。因为课程思政评价内容就代表着"风向标"，课程思政评价的内容决定着教师如何选择思政内容并将其结合在课程当中，因此，课程思政的评价起着调节、导向、激励的作用。课程思政的评价不仅是对课程思政教学效果好坏的判断，更是提升课程思政效果的重要一环。同时，如何正确地对课程思政进行评价也是一项重大难题。因为易观察的显性效果很可能快速消失，无法长时间地影响学生，而长时间的隐性影响又不易被观察到。目前学者们对于课程思政实效性的评价研究相对较少。笔者在《高等学校课程思政建设指导纲要》的基础上,借鉴思政课实效性的评价体系,确立了以下的高校课程思政实效性评判标准。

(一)理性认知层面

我们一般说的认知,就是人们对于世界上的事物的理解。它是通过大脑对外部信息的加工而形成的。在认知过程中,感觉器官会收到外界刺激的信号,并将这些信号传递给大脑。大脑再对这些刺激信号进行处理,这些信息也会无时无刻不在影响个人的行为方式。当人脑形成的认知与客观事实相同时,这些认知可以指导我们进行实践,对实践起到积极作用。但当这些认知与客观现实不符时,也会阻碍实践。在课程思政过程中,认识是基础,我们对课堂思政认知的研究主要集中在"知"。

课程思政是新型的教育活动,因此很多学生对课程思政的了解并不深刻,这时,如果教师没有巧妙地将课程与思政内容很好融合,就很可能无法使学生学到课程思政的教学内容,外加课程思政很多内容为隐性教学,学生对课程思政在没有足够认知的情况下便更难提升自身品质,无法达到课程思政的效果。因此,学生只有对课程思政有足够的认知,充分理解课程思政的重要性与意义后,才能主动地接受这些课程思政教育,从被迫学习变成主动学习。所以,让学生对课程思政进行良好认知是非常重要的。

(二)情感认同层面

所谓认同,是认知的升级与扩展,认同的基础是认知。它是在充分认知事物之后,对事物传递的价值理念等的内在认可。当我们在解释情感认同时可以如此定义:学生在认知课程思政的基础上,充分理解专业课程中融入的思政元素的内涵,并主动接受这些思想,将其同化到自身已有认知体系当中。情感认同过程不是短期就能实现的,需要学生经历一个不断学习不断认知的过程,只有认知积累到一定程度,才能发展成情感认同。课程思政是将思政内容融入课程当中,所以,学生必须要先认同课程内容才能认同这些思政内容。因此情感认同是随着学生的不断成长慢慢形成的。

对于情感认同方面的课程思政实效评级，应该从多方面入手，既要观察课程过程中师生的互动与学生接受的内容，又要关注学生长期在课程思政熏陶下的变化。

（三）行为倾向层面

行为，是在个体一定的认知与认同下，通过情感与意志的支配采取的行动。行为是一个信息输出环节。行为是个体在外界信息输入、大脑对输入信息进行处理后，输出认同的信息，对实践进行改造的过程。

在课程思政评价体系中，行为层面是最终层面。一切的课程思政内容的目的都是改变学生的行为。课程思政作为新兴的大学生思想政治教育形式，其根本目的是为中华民族伟大复兴培养新的建设者与接班人，而实现中华民族伟大复兴的关键不是思想，而是行动，所以课程思政培养人的最终目的是改变人的行动。在对大学生课程思政评价过程中，应当主要考虑大学生对课程思政的认知与认同是如何转换成实践的。

第二节　高校课程思政育人实效性的成效与问题分析

一、高校课程思政育人取得的成效

课程思政育人就是对"三全育人"理念的贯彻，目前已经初步形成课程思政育人的理念。全员育人是指由学校、家庭、社会、学生组成的"四位一体"的协同育人机制。就学校而言，这些成员包括学校包括党政管理人员、辅导员、教师以及其他后勤服务人员。为了实现课程思政育人的实效性，需要这些实施主体提高自身的思想道德素质，充分发挥主观能动性，积极参与协同育人。课程思政的建设为新时代课程思政育人奠定了一定的基础。课程思政育人这一概念提出之后，一些院校通过不断改革使得思政课程不再像一座孤岛，实现了思想政治理论课、综合素养课、专业教育课三位一体的格局，专业课上也有了"思政味"，专业课的教师也都挑起了"思政担"。

随着课程思政育人理念的初步形成，课程思政与思政课程协同的格局也逐步形成。近几年来，大部分本科高校都开设了一些试点课程，让专业课和思想政治教育相结合，让专业课程从表面上看起来是专业课，实际上润物无声般受到思想政治的洗礼。另外，做到全过程育人，学生从开学到结束包括假期都接受了一定的思想政治教育。课程思政与思政课程协同育人除了实现育人主体的全方位覆盖，还要不断努力，充分利用各要素在学生发展的全过程为思想政治教育提供支持。可以看到一些院校在课程协同育人方面做得很好，能够将思想政治教育融入专业课教学。同时，就平台的协同育人来看，也取得了一定的进步，课程思政与思政课程协同育人的平台不再局限于课堂，各教育主体均可以通过《学习强国》《今日头条》《人民日报》等网络平台学习相关的时政热点，接受新时代中国特色社会主义的洗礼，在实践中进行教学，做到理论学习与社会实践密切联系，在网络发达的今天，学会运用网络来进行思想政治教育，使得线上教学与线下教学相结合。

此外，大学生也在学习强国、抖音、微博等网络平台浏览中获得一定的正确的价值观引领，进而强化大学生的政治意识和理想信念。在校内现有思想政治教育平台之外，很多高校还邀请不同行业的专家到学校来对学生进行思想政治教育的洗礼，用积极的进取心来激励学生成长与进步。

总之，课程思政与思政课程的教育教学人员、教学课程、学习平台应一起发挥育人的作用，从而使思想政治教育内容不断丰富，方法不断创新，协同育人的结果不断向"立德树人"的任务逼近，课程思政育人格局逐步形成。

随着课程思政育人的理念和格局初步显现，课程思政育人的实效性也得到初步显现。教学的实效性体现在"实"和"效"上，就是真实并且有效，简言之，即在最短的单位时间内完成本课程的教学目标。课程思政同育人就是在铸魂育人和"立德树人"教育任务及人才培养目标的引导下，通过将思想政治理论课程和专业课程相结合，充分利用教育的各个要素、主体和渠道来实现最优的效果，从而使思想政治教育教学的实际成果与"立德树人"任务相统一。

从进行思想政治教育的育人主体而言，院系管理人员、班主任、辅导对学生的思想状态都比较重视。思想政治理论课教师与其他专业课教师在课程思政育人的理念下开始更加注重提升自我素质，尤其是专业课教师思想政治水平得到初步提升。

就育人对象而言，大部分学生的思想状况还是好的，他们能够认识到自己在中华民族伟大复兴的征程中所肩负的责任和使命，对政治时事也很关心，尤其是一些热点问题很能引起他们的兴趣；同时，大学生的集体观念也在不断增强，对国家充满了自信，有很强的家国观念。

除此之外，在课程思政育人的过程中，专业课程的德育资源也逐渐得以挖掘，有的教师能够在传授专业知识的同时，给予学生思想引导，让他们有努力学习、克服困难、奋勇直前的决心和勇气，成为为社会主义事业而奋斗、有理想信念的建设者和接班人。从课程思政育人理念下产生的协同育人模式来看，很多模式已经初见成效。从以上这些方面来看，课程思政育人的实效性已经得到初步显现。

二、高校课程思政育人实效存在的问题及原因

（一）高校课程思政育人实效存在的问题

1. 思政元素的提取融合欠准确

目前，除去办学理念的不同以及各校的特色不同，我国高校的课程设置大体都是由专业课课程、思政课课程以及综合素质类课程三部分组成的。非思政课课程在高校学生所学的课程数量中占大多数，也占据学生接受思想政治教育的大部分时间。但由于大部分专业课教师对思想政治教育的教学内容与方法较为陌生，对思想政治理论的讲解浅尝辄止，存在着育人资源挖掘不到位、思政元素与专业课融合不够准确的问题。各类课程与思政课之间还未达到平衡，无法对学生进行完整的德育教育。

此外，当代学生的显著特征之一就是主体意识加强，他们也渴望发挥自己的主观能动性，以实现自我的需求与发展。学生的价值判断与选择不再是简单的"认同"与"不认同"，而是在面对客观事件时，有自己的主观判断。思政理论课因

为其内容具有局限性，不足以了解每一位学生的思想动态及价值取向，学生往往在非思政课上才表现出自己的兴趣所在。而非思政课课程在培养方案与教学目标的设计上难以判定德育标准，针对不同专业、不同年龄的学生没有整体的教育规划，也没有形成统一的育人体系，各类课程目标不一、各自为营，往往使思政课与非思政课的融合浮于表面，存在"两张皮"的现象。

2. 课堂教学的方式传统欠灵活

当前课堂教学的主要内容对于书本的依赖还是较高的，虽然这对于学生准确把握、准确体会理论知识有着不可替代的作用，但在教学过程中理论部分远多于实践部分，与日常生活的联系有限，内容有些笼统，缺乏实践性与具体性。学生的课堂参与度不高，长此以往会使学生丧失学习乐趣，因此也难以投入学习当中。

现阶段的课程大多局限于教师的讲授，在课程思政育人理念下，非思政专业没有一本结合专业知识与思政元素的实用教材。教材是教学中的重要工具，没有合适的教材会直接影响教师的授课质量，同样不利于课程思政的开展。一部分专业课教师在授课中仍采用传统的专业课教学方法，难以找准时政要点，与思想政治教育结合容易出现重复概念性内容，最终走向"说教"。将价值观念等主题与理论知识生硬地放在一起，无法激起学生的学习热情与思想共鸣，思政元素与专业知识依然泾渭分明。当前高校课程思政的发展亟须转变课堂教学的方法，探索更灵活多变的授课方式，努力提高学生的课堂参与度，保证课程思政的有效性和实效性。

3. 育人主体的协同配合有难度

要想达到新时代课程思政最终的教育效果，教师作为教育的纽带起着至关重要的作用。教师不仅要掌握专业的理论知识，还要掌握知识背后所蕴藏的价值内涵，将理论与价值相结合，用深刻的理论武装价值，用丰富的价值升华理论。对理论的认识不够深入会使教育的基础不够牢固，对价值的认识不够准确，就难以有教育的实效，无论是哪方面的缺失，都无法达到思想政治教育的"知行合一"。

目前，全员育人的理念已深入人心，每一位教师都十分明确自己教书与育人的使命。但在实际教学过程中，专业课教师很难找到合适的方法在课程中融入价值，对思想政治教育的具体内容与形式存在一定程度的困惑，因此，这一部分内容仍然是由思想政治理论课教师来完成的，而各职能部门教师更重视学生的日常管理与思想宣传。高校育人主体在协同配合的发展过程中还在找寻平衡状态，但发挥教师的融合作用有一定难度，课程思政推行的内生动力也严重不足。新时代课程思政的建设在育人主体的环节上还有很多亟须解决的问题，教育工作者的队伍建设面临着诸多现实挑战。

（二）高校课程思政育人实效存在问题的原因

1. 课程思政的管理制度不健全

育人工作是一项复杂的系统工程，它并不是某类人员孤立进行的，需要众多育人组织机构和人员的协作。从事育人工作的各级各类组织机构和人员，各自按照一定的分工对学生施加影响，从而构成育人工作的整体过程。要想协调众多育人组织机构和人员的育人活动，就要使各方面的教育力量有机结合起来，形成一股合力；要想实现育人元素的最佳组合，有效地发挥诸类育人要素的作用，达到既定的育人目标的目的，就必须形成科学完善的管理制度。

部分学校不重视课程思政育人的实效性，一个重要原因就在于其课程思政的管理制度不健全。制度安排是课程思政建设的核心驱动，也是高校落实"立德树人"根本任务的顶层设计。所以，在课程思政育人的过程中，学校首先要解决好"由谁领导"的问题。但是，就目前情况来看，部分学校只是将课程思政作为课程改革和教育教学的新举措落实到各个二级学院分散推进，没有从意识形态教育的高度对院校育人工作进行整体性的规划和统筹设计，从而出现了"不知由谁来领导"的问题。

课程思政是一种价值性和政治性十分鲜明的教育理念，它的管理主体必然是院校党委，这是管理主体系统的核心部分。院校党委领导下的其他行政部门和组织在某种程度上也具有这种主体资格，但是，在院校课程思政管理主体系统中，它们只属于次要部分。因此，院校需将课程思政育人摆在关乎党的建设、党的事业兴衰成败、国家前途命运的高度，建立党委领导的管理制度。

2. 学校专业课教师的育人理论水平不高

作为思想政治理论课改革和课程育人的新举措，课程思政育人已经在全国院校范围内全面展开。但是在课程思政育人的过程中，部分专业课教师育人观念错位、育人能力欠缺、育人侧重点不准，使"课程思政"的实效大打折扣。因此，出于保证课程思政改革行之有效的目的，专业课教师必须转变育人观念、提高育人能力、瞄准育人侧重点。

（1）育人观念错位

虽然课程思政育人已在全国院校全面推进，但是作为一种教学理念和实践活动，课程思政并没有在院校中达成普遍共识，并不是所有专业课教师都将课程思政入脑入心，部分专业课教师没有充分挖掘所授课程蕴含的思政元素，固守用知识育人，不理解智慧育人的思想，致使育人观念错位。

课程思政的目的在于让专业课程发挥育人功能。部分专业课教师还没有意识到对大学生进行价值观教育的迫切性和严峻性，对院校的根本任务在于"立德树人"这一点认识不到位，没有从宏观上对专业课程的育人功能进行有效把控。在课堂教学过程中，挖掘、利用本门课程蕴含的思政元素是实现课程育人的有力方式，专业课教师本应积极、主动地将所授课程内隐的思政资源"挖出来"。但是，由于部分专业课教师的马克思主义理论底蕴不深厚，对育人工作了解得少，认识片面，在自身的育人观念中存在一种误区，即把自己的专业知识教好，把专业技能教好就可以了，育人工作是思想政治理论课教师和辅导员的事情，不是自己的职责所在。更为严重的是，极个别专业课教师受西方复杂社会思潮的影响，存在理想信念不明确、政治立场不坚定等问题，以致在授课时于无形中渗透给学生，使学生的理想信念、政治立场等发生动摇，大大削弱了高等院校育人工作的效果。尤其是一些历来思想政治教育氛围不浓厚，与思想政治教育结合较少的理工科院系，相比思想政治理论课教师而言，这类院系的专业课教师更偏向于相信逻辑严谨、精准无误的实验数据和操作技能对学生有帮助，而对于自身所属的学科、所授的专业课程中是否暗含思想政治教育资源，是否需要进行、可以进行价值观教育举棋不定。

总之，由于诸多因素的影响，课程思政这一教学理念和实践活动并未真正深入每一位专业课教师的脑中和心中，因此部分专业课教师的育人观念有待转化。

（2）育人能力欠缺

从中华人民共和国成立至今，无论国际国内形势如何变化，党和国家从未停止对院校育人工作的关注，始终关切和热爱学生，将学生的思想政治教育工作摆在突出位置。同时，在院校育人工作中，党和国家十分强调各科教师在育人过程中的作用。教书和育人是专业课教师的双重使命，在以往的院校教育教学过程中，专业课教师只重"教书"，不重"育人"，课程思政是弥补这一缺陷的有力举措。但是，在课程思政育人和建设过程中，仍然有部分专业课教师存在重"教"不重"育"的现象，究其原因，一定程度上在于他们的育人能力不足。育人能力是指教师根据一定社会和阶级的思想观点和道德行为规范，以及受教育者身心发展规律，通过一定方式启迪学生，促其感悟、领会、悦纳，从而达到道德内化、行为自律、个性优良的能力。

课程思政这一教学理念和实践活动能否有效推行开来，专业课教师是否具备育人能力是关键。在实际教学过程中，部分专业课教师缺乏育人能力，只具备讲解专业知识的专业方法和技能等，在课堂教学过程中几乎只传授专业知识。尽管学校及其各二级学院对专业课程与思想政治理论课一道发挥育人作用作出了明确的要求和规定，部分专业课教师也意识到了这一点，也有意愿在自身所教的课堂中传递专业知识背后的思政元素，但是，由于自身育人能力不足，在很大程度上限制了课程思政有效性的发挥。部分专业课教师的育人能力不足主要有以下几个方面的原因：

①部分专业课教师的教学技能不足

课程思政能否有效落实说到底还是要依靠专业课教师的能力，凸显专业课教师的技能。各类专业课的教育教学活动是课程思政建设的基础，所以，专业课教师是否具备过硬的教学能力是关键。但是，部分专业课教师的教学技能和教学水平不足，没有将心力、情投入课堂教学中，从而在一定程度上造成了自身育人能力的不足。

②一些院校开展的课程思政培训不够

课程思政建设的全面推进需要彰显专业课教师在课堂教学中的主导作用，这种主导作用的实现离不开专业课教师教育观、教学观及育人观的改变，需要专业课教师在课堂教学中增添价值维度，坚持知识维度与价值维度并重，充分发挥自身价值观教育的本领和能力。也就是说，课程思政建设需要专业课教师主动补上课程思政的课，但是目前高等院校课程思政的培训不够，如教师岗前培训、在岗培训和师德师风、教学能力专题培训等，从而导致部分专业课教师对"课程思政"的相关原理和方法论掌握不足，专业育人的能力不强。

（3）育人侧重点不准

专业教育与价值教育密不可分，二者共同作用于大学生价值观教育过程中。专业教育是价值教育的载体，价值教育是专业教育的统领。在课程思政建设过程中，专业课教师要瞄准育人侧重点，将专业课程建设与专业人才培养联系起来，使"才"和"德"同步驱动，进而提升自身所授课程的政治站位和人文情感。

为了确保课程思政改革的顺利进行，专业课教师必须看到专业知识背后所隐藏的价值理念，挖掘专业教育与价值教育同频共振的联结点，以培养中国特色社会主义现代化建设者和接班人为目标，将价值教育渗透到专业知识体系的各部分中，防止思想政治教育"贴标签"、专业教育与思想政治教育"两张皮"情况的发生。但是在实际教育教学过程中，部分专业课教师没有瞄准育人侧重点，从而导致其重"才"不重"德"，主要表现在以下两个方面：

一方面，部分专业课教师固守知识本位的教学思维，没有打破传统专业课程知识与教学的对应关系，只守着自己的"一亩三分田"，没有用马克思主义的道德观去教育和引导学生，对于人类社会发展及个人健康成长所需要的道德品德毫不关心。

另一方面，部分专业课教师没能将社会主义核心价值观有效地融入授课过程中，教育引导学生把国家、社会、公民的价值要求融为一体，提高个人的爱国、敬业、诚信、友善修养，自觉把小我融入大我，不断追求国家的富强、民主、文明、和谐和社会的自由、平等、公正、法治，将社会主义核心价值观内化为精神追求，外化为自觉行动。社会主义核心价值观集我国优秀传统文化之精华，内含个人成才所需要的道德品质，部分专业课教师还没有找准社会主义核心价值观与自身所授课程的关联点和契合点，导致社会主义核心价值观教育与专业知识传授之间出现断层。

近几年，教育界出现了许多被高校学生和社会各界所诟病的现象，诸如高校博导让学生为其免费工作，甚至通过延迟其毕业的手段达到这一目的，最终导致无法挽回的后果；还有某些高校硕导长期言语辱骂其学生，对其人格的不尊重和对其态度的恶劣导致其最终走向生命的尽头；还有某些高校教师长期骚扰其学生，给好多学生造成困惑，甚至造成学生的自闭、抑郁，等等。这些现象不仅对高校教育教学质量有恶性影响，对于社会长久发展与治安也埋下了隐患。而造成这些现象的原因是部分高校教师未能重视自身德行。高校教师自身德行方面的问题和社会环境、高校环境都有密切的关联，而教师的主观能动性产生的影响同样不容忽视。

首先，是社会因素的影响。从马克思辩证唯物主义的观点出发，社会的发展就像是一个硬币的正反面，有好的地方，也会有坏的地方。好的地方在于社会发展推动了人们整体生活水平和质量的提高，然而，这也造成了部分人生活质量的下降。综观各个新闻媒体的报道，国内出现的城市买房落户困难、生育小孩儿压力大、不好就业、工作强度高等问题每天都充斥着各大主流媒体的报道，这些也同样是高校教师所面临的问题。受政治因素、经济因素等影响，社会上存在追求功利的浮躁风气，在高校中反映为教师通过各种手段来获取职位、职称、金钱等，进而导致教师忽视了做学问、教学生、为人师表的重要性。

其次，是高校因素的影响。高校在引进教师的时候，大多都存在着重视学术、忽视教师个人品德的现象，甚至还存在暗箱操作的问题，这对于教师队伍的整体素质水平难免会有负面的影响。还有的高校在进行教师培训和教师会议活动时，更多的是注重教师的学术上有什么成果、业务上有什么进展，而很少会注意到教师有没有做到德高为师，身正为范。另外，一些高校给教师施加的教学任务过于繁重，学术资源分配不够科学，奖惩制度过于独断，甚至制定一些不合理的规章制度，这些都严重影响了教师自身德行的树立。

最后，是教师个人因素的影响。马克思主义基本原理告诉我们，事物变化的关键在于内因，外因只是促进其变化的条件，起决定性作用的仍是内在因素的影响。随着近些年高校教育的改革和发展，高校相继引进了大批的教师，这些教师很快成为高校队伍中的重要力量。但是这些教师中大多是没有经历过社会磨炼的青年教师，多数成长于养尊处优的环境之中，尽管有扎实的理论基础和知识结构，却缺乏吃苦耐劳、开拓进取、乐于奉献的精神。这也导致部分教师在遇到困难时就轻言放弃，甚至遇到一点儿压力就难以接受，步步退却；在受到各种不利因素的诱惑时，不能克制住自己，随波逐流，甚至变本加厉；学术上弄虚作假、工作时追求功利等。教师应该是学生灵魂的铸造师，如果教师自身的德行、修养一开始就存在问题，那么高校的教育教学质量也难免会被其拖累。

3. 未能做好育才与育人相结合

高校课程思政育人是为适应特定历史时期党和国家及社会的需要，针对特定对象的特定现实与潜在问题而开展的。党和国家在不同历史时期的工作重点、方针政策和不同历史时期我国社会所面临的国内外形势等都不同，不同时期大学生所面临且需要借助于课程思政教育解决的突出问题也不同。这就要求高校各专业在课程思政元素挖掘时密切关注党和国家的中心任务及社会现实需要、教育对象的特征等多方面的情境，做到与时俱进。此外，课程思政育人效果的实现从根本上取决于教育对象对课程思政元素的理解与接受程度，故发掘专业课程思政元素时还应注意正视并尊重当代大学生的接受能力、兴趣点等因素，选取当代大学生较为喜闻乐见且符合课程思政教育目标需要的教育元素作为课程思政元素。

自古以来，我国的教育者就是以传授道理、教授学业、解释疑难问题为使命的。育人育才一直是中国传统教育中教师的重要规范，也因为这一特殊的规范，教师职业才备受人们尊崇。然而，伴随着社会政治、经济、文化等方面的发展，部分地区发展的不协调导致部分高校党委部门、教务部门和各门课程教师逐渐忽视了育人这一重要规范，片面夸大了育才的重要性。自从改革开放以来，我国的市场经济体制和经济环境都发生了巨大的变化，在当时的情形下，为了更快推动社会的进步、市场经济的发展，高校更多地侧重于育才这一方面，而育人则被轻视。经过数十年的发展，我国改革开放取得了巨大的成果，社会的主要矛盾也由人民日益增长的物质文化需要同落后的社会生产之间的矛盾转化为人民日益增长的美好生活需要和不平衡不充分的发展之间的矛盾。当前，我国经济基础已经由生产的落后转化为发展的不平衡和不充分，上层建筑也由物质文化需求转化为美好生活需要，这对于高校教育教学方式方法的转变也有重要的启示意义和借鉴作用。高校上一阶段的教育重心受到落后生产力的影响，为了及时给国家输送高知识水平和能力水平的人才，把工作重点放在了育才部分。

现如今，我国主要矛盾已经发生了转变，人民生活也历史性地达到了全面小康水平，人民开始更多地追求精神生活水平的提高，高校教育也已经把课程思政作为工作的重点，以更好地做到育人和育才的结合。高校教育也应该充分借鉴我国社会发展与改革开放以来的若干成功经验，注意育人和育才的平衡问题，由落后生产决定的育才为主的时代已经过去了，高校也应该及时把育才为重心转移到育人为重心上来，要知道新时代育人是根本目的，重要的是要做好育人工作，要先立德，后树人，把育人和育才结合起来，共同推进高校教育教学质量的提升。

4. 课程思政与思政课程未能相融合

课程思政与思政课程的协同配合之间出现的一系列问题，从对二者概念理解得不全面，到二者之间没能做好协同，再到二者之间甚至出现了割裂的现象，导致这些问题出现的主要原因在于高校课程思政与思政课程未能相融入的问题，其主要表现在三个方面：

第一个方面，高校的课程思政与思政课程之间不协调的原因在于高校党委部门未能做好对课程思政和思政课程这两个育人理念的指导和引领工作。课程思政和思政课程是既有密切联系，又相互区别的教育理念，二者所涉及的范围和工作的重点各有不同，但是都强调育人这一中心工作，如何把握好二者之间育人的联系，合理掌握二者工作的尺度，是许多教师特别是非思政课教师们需要注意的地方，而高校党委部门能否及时做好传达教育部、教育局相关理念内涵，能否做好对相关工作的指导、能否带头做好课程思政与思政课程的融入工作，对此有十分重要的影响。

第二个方面，对思想政治教育资源的深入发掘与合理运用问题。思想政治教育资源作为有利于实现思想政治教育目的的各种要素的总和，其发掘、分配、运用等都会对思想政治教育的结果产生重要的影响。而在当前高校的课程思政和思政课程育人工作中，二者之间的教育资源是不协调、不平衡的，思政课程由于其独特的课程优势，掌握了相对丰富的思想政治教育资源，不论是从教师的思想政治教育素质来看，还是从教师实现价值塑造的过程来看，思政课程都比课程思政拥有的资源更多。课程思政建设本来就比思政课程的建设要晚很多，再加上有部分高校不够重视、精力有限，不能过多占有思想政治教育资源，从而导致课程思政与思政课程不处于同一个教育水平，在高校推进二者的融入工作时，也造成了鸡同鸭讲的尴尬局面。

　　第三个方面，方式方法运用的问题。高校课程思政与思政课程未能相融入还有一个重要问题在于二者之间的融入没能掌握好的方式方法，因为二者各有各的特点，所以，在进行二者的融入工作时，要针对二者之间的密切联系，取二者关联紧密的育人的共同目的，在同一个目的的推动下，运用二者都能接受的方法促进二者的融入。还有，就是在二者的授课过程中，相应地融入对方的教育方式、教育方法或是教师同台授课等，进而致力于这一问题的化解。

第三节　高校课程思政育人实效性的提升策略

一、深化课程思政育人认知，增强行动自觉

　　一个学校能不能为社会主义建设培养合格的人才，培养德智体美劳全面发展的、有社会主义觉悟的、有文化的劳动者，关键在教师。办好思想政治理论课关键在教师，关键在于发挥教师的积极性、主动性、创造性。教师作为开展课程思政育人和教学的实施主体，其思政理论素养、课程思政意识及能力对育人效果的优劣成败具有重大影响。提升高校课程思政的育人效果，教师应主动建构、积极变革；高校应用好外力、积极作为，共同在师生课程思政认识的深化上下功夫，提高教师思政育人的行动自觉。

（一）培育课程思政意识和责任担当

　　人都是自己思想的奴隶，一个人的行为方式受制于其特定的观念和思想。高校教师参与课程思政教学的积极性、主动性和实效性如何，受其思想认识的重要影响。整体而言，教师的课程思政意识强烈，其开展课程思政教学服务的积极性

高，动力足，愿意教，且乐于去学习、探索育人的新技能；反之，教师的课程思政意识薄弱，其开展课程思政教学的积极性也会相对较低，且缺乏探索育人新技能的长效动力，最多只会形式上完成，难有实际的成果。因此，深化教师对课程思政的认识、培育与牢固教师的课程思政育人意识和责任意识至关重要。

对教师而言，一方面，教师自身要从思想层面加强对课程思政的理解，这种理解不能是"蜻蜓点水"式的，而是要进行钻研深究，进行深入理解。教师不仅要从学校开展的有关课程思政的会议、讲座、论坛等活动中认知课程思政，也要从学者们对课程思政的研究成果中深化对课程思政内涵、重要意义等的认知，更要从习近平总书记关于课程思政"立德树人"的系列重要讲话以及国家下发的关于课程思政建设的指导文件中寻找答案，切实认识到各门课程的"思政育人"功能与重要价值，增强自身实施课程思政教学的主体自觉性、积极性。另一方面，教师要正确定位自身的角色，即"智育"角色与"德育"角色的统合。

针对我国新时代战略任务的变化、发展坐标的前进等新实际，教师更应站在落实"立德树人"目标，为党育人、为国育才的使命高度，增强自身实施课程思政教学的义务感、责任感、使命感。在教学和育人过程中时刻谨记并自觉践行教书育人的天职，既要做传授书本知识的"教书匠"，向学生传授理论知识；也要做塑造学生品格、品行、品位的"大先生"，教会学生做人做事。

对高校而言，一方面，高校要通过开展有关课程思政的会议、讲座、论坛等活动，使教师和学生在头脑中形成关于课程思政具体内涵、重要意义等的基本认知；另一方面，高校要重视构建课程思政相关制度，尤其是在奖惩方面的制度，通过恰当的外力使教师深刻体会到学校对课程思政的重视程度，助推其进一步去认知课程思政的重要价值，深化教师的课程思政意识，增强育人行动自觉。

（二）加强思想政治教育理论素养

育人先育己，苏联教育家苏霍姆林斯基曾说过，"为了使学生获得一点儿知识的亮光，教师应吸进整个光的海洋"[1]，这句话形象且精辟地道出了人民教师的

---

[1] 蔡治诚，宋玲，任恩刚，等. 课堂教学技能拓展 [M]. 呼和浩特：内蒙古大学出版社，2009.

学术积淀对于教育学生的重要价值。同时，课程思政重点在于"思政"二字，即充分发挥各类课程的思政育人功能，这要求课程教师在配备已有的课程知识的基础上，还要了解与掌握政治认同、人格培养、理想信念等有关思政教育的理论精髓以及内容要点。教师对于思政教育理论知识的掌握是其开展思政育人工作的前提和基础。教师只有对这些内容有一定的了解，才能在教学实践中运用这些内容去引导学生、感染学生、塑造学生。

思想政治教育内容是一个包括思想教育、政治教育、道德教育、心理教育诸内容要素的系统，其知识庞杂、博大精深。因此，加强教师对思政教育理论知识的了解与掌握，提升其思政教育理论素养，有效的方法是通过开展持续性的学习，不断"充电"，因为只有不断"充电"，才能持续地释放能量。

对教师而言，首先，教师自身要坚持反复学习思政教育理论知识，不断拓展思政教育理论知识学习的深度与广度，练好教书育人的内功。在学习过程中，积极利用多种渠道学习思政理论，不仅要向书本学习，更要向其他教师学习，加强与其他教师的交流与沟通，特别是专业课教师要加强与"挖矿专家"思政课教师的互动，以及时解决自身思想上的困惑，争做学习上的"明白人"。其次，教师在学习思政教育理论知识时要合理选择学习内容，把握好正确方向，传播好先进思想文化。在内容的选择上，不仅要老老实实、原汁原味地学习马克思主义基本理论以及马克思主义中国化的最新理论成果，培养自身丰厚的人文底蕴和科学精神，也要紧跟时代节拍，广纳社会信息，自觉掌握社会最新思想动态系统，如党和国家的方针政策、法律法规以及国情民情等。最后，还要积极响应，参加国家、学校、学院等举办的课程思政相关理论培训。

对高校而言，要积极创造条件，为教师学习思政教育知识提供多渠道的帮助。一方面，通过开展常态化的培训，如定期举行内部或内外合作的思政专题培训，帮助教师掌握思政教育的基本内容、教学方法等；另一方面，通过开展伙伴式的学习，利用"传、帮、带""结对子"等方式，加强思政课教师与专业课教师、专业课教师与专业课教师之间的交流与沟通，促使他们在交流中共同成长，提升思政教育素养。

（三）提高课程思政能力素养

高校各门课程都有育人功能。课程思政强调的就是回归课程育人的价值本源，致力于将课程自身的思政教育元素融入各类学科教育之中，其难点在于如何实现学科课程知识和思想政治教育有机融合，实现"思政潜入页，育人细无声"，促进学生"成才"与"成人"的统一。这个重大难点的击破，对教师提出了更高素质的综合能力要求，不仅要求教师"学高"，还要求"德高"与"艺高"。具体而言，思政课以外的任课教师不仅要精通本学科课程知识和技能，也要具备一定的思想政治教育知识，以及整合本学科课程知识和思政教育内容的相关理论与技巧，能够将课程中的学术资源转化为育人资源，理论情境转化为现实情境，理论文本话语转化为实践工作话语，能够适度、适时、适量地将思政要素有机融入课程知识点，实现知识与思想的共鸣。

教师的课程思政能力不是天生的，它的培育与发展离不开具体的教学实践，离不开在教学中推进自我变革。一方面，教师要积极加入课程思政实践教学的行列。教师只有将所学到的课程思政理论知识、开展思路、教学方法等，结合课程特点转化为具体的课程思政实践与应用，才能在实践和应用中充分认知课程思政的复杂程度，认清自己与开展课程思政教学要求的差距，以及存在的问题。"摸着石头过河"，才能挖掘出更多行之有效的课程思政方法和教学技巧，提高课程思政能力。另一方面，教师可以适当地观摩一些课程思政的精品课、示范课等，领悟其他教师是如何结合课程知识点去引导学生、感染学生的，从中得到启发。

对高校而言，可以通过积极组织教师参加课程思政说课比赛、课程思政教学设计大赛等竞赛，实现以赛促学、以赛促进的效果，为提高广大教师课程思政能力提供一些思路参考；可以通过定期举办课程思政沙龙、课程思政研讨会等活动，为广大教师构筑开放性、专业性的交流平台，让教师相互交流课程思政教学的经验，共同研讨课程思政教学的方法等，使广大教师在工作上思路更清晰明了。

二、优化课程思政育人方式，丰富情感体验

（一）推进显性教学与隐性教学"同向同行"

教学中的显性与隐性之分，是具有相对意义的一对关系。相比较而言，显性教学在方式上更加直接、内容上更加系统、目标上更加明确，而隐性教学在方式、内容、载体等方面均呈现出间接、隐蔽的特征。在"大思政"的视域下，思政课教学属于思想政治教育中的显性教学，课程思政教学则更偏向于隐性教学。显性教学与隐性教学在大学生思想政治教育方面各有千秋，且功能互异，单一运用均"尚欠火候"，影响教学效果；综合运用、共同发力才能最大限度发挥各自优势，促进教学提质增效。推进显性教学与隐性教学齐头并进、深度融合，实现课程思政育人实效的提升，关键在于主阵地与分阵地的协同配合。

首先，坚持旗帜鲜明的显性底色，理直气壮地办好思政课，形成"惊涛拍岸"的声势。思政课是落实"立德树人"根本任务的关键课程，要牢牢守住高校思政课程主阵地。就高校而言，要积极开展思政课教育教学的理论研究，不断增强"主阵地"课堂的理论魅力，用完善的理论征服师生，发挥科学理论的强大思想教育力量；教师则要有底气，通过教学交流、观摩培训等方式，不断提升自己在"主阵地"课堂的人格魅力、语言魅力，用端正的人格感染学生，用饱满的情感打动学生，增强理论教学的情感体验。

其次，系统加强隐性教育，深度挖掘其他课程中蕴含的思想政治教育资源，将其有机融入课程知识点，产生"润物无声"的效果。课程思政是落实"立德树人"根本任务的战略举措，要充分发挥高校综合素养课和专业教育课的分阵地效应。一方面，高校要通过构造科学的思政育人制度，加强课程思政教学指导，为分阵地教师参与隐性教育"布好局"，如建立有效衔接的长效机制，以打破各教师、各部门"各自为政"的不良状态；另一方面，分阵地教师自身要切实提升开展隐性教育的能力，积极参与课程思政教学实践，总结经验，反思不足，逐步在教学中探索出具有个人特色的"融合配方"，切实增强隐性教育的"成效占比"。只有在强显性底色的基础上，切实增强隐性教育，才能打造思政课与课程思政比翼齐飞的良好局面。

（二）推进理论教学与实践教学"同频共振"

理论教学与实践教学的关系源于理论与实践的关系。在马克思主义视域下，理论与实践二者之间是对立统一的关系：实践创造理论，理论引领实践，二者密不可分。马克思对于理论与实践二者辩证关系的阐述，为我国科学有效地开展大学生思想政治教育提供了可借鉴的理论指导。理论教学和实践教学作为课程思政教学的两大基本形式，二者紧密联系、功能互补，偏废其中任何一方均难以实现良好的教学效果，只有二者"同频共振"，才有利于提升高校课程思政育人实效。

推进理论教学与实践教学有机统一、相互印证，实现课程思政育人增质提效，关键在于促进"理论教化"向"行为外化"的顺利转换。一方面，继续深耕理论教学，为大学生筑牢理论之基。各门课程的授课教师要积极探索，深入挖掘所授课程中有利于促进学生思想认知不断深化、价值观念逐步提升的育人元素，诸如政治认同、职业道德、文化自信等，并在大众化和可读性上下功夫，把原本丰富深奥的理论内涵、枯燥抽象的思想观点用贴近学生、贴近生活的话语加以讲述，增强理论对于学生个体的亲和性与真实感，使"硬道理"在学生话语场域中实现"软着陆"，促进学生个体对理论知识的理解和认同，为学生开展实践活动提供科学指引。另一方面，聚焦实践体验，为大学生绷紧思想之弦。高校既要盘活现有资源，也要进行主动创新，通过创设多种途径让学生参与到实践活动之中，譬如，构建融"教、学、做"于一体的教学模式，搭建实践育人新平台等，为学生活化、深化、内化课程中的思想政治教育知识提供路径，切实增强学生对于理论知识的真实感受。

教师在实践教学过程中，则要注重形式与内容的统一，优化自身主导方式，加强对学生的科学指引，充分考虑学生的接受程度，循循善诱。一方面，既要着重强化理论的实践指向性；另一方面，也要使学生在实践中强化、深化其对于课堂上所涉及的思政理论知识的感知与认同，切实实现理论引领实践。只有以抓铁有痕的魄力打破理论与实践之间的藩篱，才能真正实现"读万卷书"与"行万里路"相得益彰的良好效果。

（三）推进传统教学与新媒体新技术"双管齐下"

要运用新媒体新技术使工作活起来，推动思想政治工作传统优势同信息技术高度融合，增强时代感和吸引力。一方面强调了新媒体新技术在改进高校思想政治工作上是大有可为的，另一方面也传递了传统教学优势与新媒体新技术在思想政治工作中要相得益彰的重要信号。就本质而言，无论是"旧优势"还是"新技术"，它们都属于教学的一种手段，各有所长，也各有缺陷。二者理应取长补短、相融共生，方能更好地助力高校课程思政育人实效的提升。

推进传统教学优势与新媒体新技术融合互补，共赢共进，以促进课程思政育人实效的提升，这是立足新形势对教师以及高校提出的新要求，亦是一项新挑战。对教师而言，一方面，教师要转变观念，跳出"新技术恐惧论"的心理沼泽，敢于向"新技术"亮剑，主动去尝试"新"事物，学习"新"知识，补齐"新"短板，用真"知"打破"不愿用"，实现"乐于用"，使新媒体新技术真正成为自身教学的得力助手。另一方面，教师要勇于实践，坚守内容为王、手段为辅的原则，促进"旧优势"与"新技术"互相搭台，一起唱好思政育人大戏。

在教学过程中，既要注重传统教学优势在大学生思想政治教育中发挥的正向作用，也要重视运用新媒体新技术来弥补传统教学的不足，适时将翻转课堂、对分课堂以及智慧教室等引入教学中，将课堂打造成活动的舞台，以充分调动学生参与课堂学习的热情，使教育工作更具活力；也可以通过播放视频、设计模型等方式将隐藏在课程知识背后的思想要素和德性涵养进行呈现，丰富学生对课程思政元素的直观体验，增强学生对本专业的认知和认同。

对高校而言，高校要强化互联网思维，加强对教师开展互联网知识和"新技术"教学的培训力度，通过定期培训、外出学习、开展讲座等形式提升教师应用新媒体新技术教学的能力和水平，便于其更好地应用"新技术"服务课程思政教学，提高课程育人的整体质量。

三、结合课程思政育人教学规律，开展特色教学

（一）结合课程特色开展课程思政

课程是开展课程思政育人教学的重要载体，其在大学生的思想政治教育方面发挥着不可替代的作用，占据着举足轻重的地位。在高校课程思政效果提升的方面，非思政课教师既要抓好课程这一重要载体，也要将其用活，结合不同类型课程的特点有针对性地开展课程思政教学，以最大限度发挥不同类型课程的价值。

专业课程、综合素养课程与思政课程具有相同的目标追求，都着眼于通过发挥课程的思想政治教育功能来促进"立德树人"的落实。但是，专业课、综合素养课与思政课在性质、内容等方面又表现出不同，这也决定了不同类型的课程在开展课程思政教学时所传递的思政内涵和所采用的方式方法是不一样的。

就内容而言，人文社会科学课程因其关乎的是对人和社会的认知，在内容上必然会打上意识形态的印迹，表现出比较强烈的价值立场；而自然科学课程研究的是自然界的事物及其运动规律，没有明确的价值立场，但并不表明它与价值无涉。

就传递的思政内涵而言，人文社会科学课程更偏向于人文素质、政治认同、道德情操的传递；而自然科学课程更偏向于科学精神、探索意识、实践能力的传递。

就教学方式而言，人文社会科学课程更多的是理论教学，自然科学课程更注重的是实践教学。因而，教师在教学过程中需要做的就是要深刻把握人文社会科学课程与自然科学课程在大方向上的不同，并结合不同专业的人才培养目标、具体的课程科学融入思政内容，避免出现生搬硬套、强行嫁接的行为，通过"润物细无声"的方式去浸润学生，感染学生。如在人文社会科学课程中涉及中外理论对比时，教师要坚定马克思主义基本立场，帮助大学生树立并强化中国特色社会主义道路自信、理论自信、制度自信、文化自信，激发其对我国的认同感和自豪感。

(二)结合教师特色开展课程思政

教师是开展课程思政育人教学的实施主体,在大学生思想政治教育方面是大有可为的,他们对于教学中融入思政元素量的多少、融入方式的设计等具有自主裁定权。要想提升高校课程思政的育人效果,非思政课教师需要立足自身优势,盘活自身优势,结合自身的优势特点开展课程思政教学,以个人特色打造思政育人"新"模式。

学识、经历、个性等方面的不同,造就了不同的人,不同的人有不同的个性特点、擅长领域、行事风格。在教学领域中,有的教师擅长讲授式教学,有的教师擅长举例教学法,有的教师擅长网络教学法,这些都属于教师自身特色的范畴,而这些特色是教师在长期的教学探索中逐渐形成的。毋庸置疑,这些特色运用得好,就可以成为提高课堂教学效果的制胜"法宝"。

对于非思政课教师群体而言,思想政治教育相当于一个新的教学领域,他们在新的教学领域开展教学难免会出现力不从心的状况。为此,教师应该利用自身的优势特点去打"补丁"。如善于讲理论的教师,可以通过深入研究思政理论,去寻找思政理论与课程知识之间的"触点",并以"基因"的方式将思政因子融入课程知识教学中,实现春风化雨、润物无声的育人效果;如善于举例子的教师,在教学过程中,可以通过多选取一些与课程知识相关且又能给学生传递正向价值导向的案例,利用故事展现情怀,引领价值,以实现"专业不减量,育人提质量"的效果;如擅长利用新技术新媒体的教师,可以引入与课堂内容相关的视频、电子书、微课等学习资源,可以引入翻转课堂、智慧教室等教学形式,使课堂活起来,增强教学的吸引力和时代感。

(三)结合学校特色开展课程思政

高校是开展课程思政育人教学的主要阵地,当前,全国各大高校都在探索推进课程思政教学的路径,致力于提升课程思政的育人效果。提升课程思政的育人效果,各高校要因校制宜,依托学校自身的鲜明特色,发挥学校德育的比较优势开展课程思政教学,而不能舍己之长,片面追求课程思政的普适性。

经过长期的办学实践,每一所学校势必都会形成区别于其他学校的优良传统和显著特征，特色就是优势，就是竞争力，区别于其他学校的优良传统和显著特征，在各高校的人才培养方面能发挥重要影响。在课程思政教学中，各高校必须将"立德树人"的育人目标和学校自身发展定位进行有机统一，根据自身的地域特色、学科优势等因素，明确学校开展课程思政教学的着力点。

从地域来看，处于红色文化地区的学校应该着力挖掘本土的红色文化资源，充分利用红色文化资源去教育学生，使学生在学习课程知识的过程中了解红色文化，感悟红色情怀，进一步坚定自身的时代使命和奋斗目标；处于历史遗迹地区的学校应该着力挖掘当地厚重的文化底蕴，帮助学生提升人文素养、增强文化自信。

从学科优势来看，以文史哲专业为优势的学校，应注重在课程知识传授中引入中华优秀传统文化、社会主义先进文化，培养学生的人文情怀；以理工科为强势学科的学校，应注重激发学生勇攀科技高峰的责任担当和使命意识。

四、完善课程思政育人环境，巩固育人长效

课程思政育人不仅涉及不同类型的课程，也涉及不同层次的主体。它的推进并不是某一方的事情，而是多方共同的事情；也不能仅靠一方的单薄之力，而是需要多方种好"责任田"，加强合作，协同配合。通过构造科学完备的思政育人制度生态环境，营造底蕴深厚的思政育人校园文化氛围，打造清朗健康的思政育人网络舆论生态，才能更好地推动课程思政育人工作落实、落细、落地生根，才能更好地巩固课程思政育人长效，为实现第二个百年奋斗目标输送合格人才。

（一）构造科学完备的思政育人制度生态环境

制度的健全与否对教师开展课程思政教学具有重大影响，主要表现为它会直接影响教师开展课程思政教学的稳定性和持久性。课程思政建设是一项长期性、系统性的工程，要真正使其落地落实，巩固和提升整体育人效果，需要高校从制度层面理顺关系，通过构造科学完备的思政育人制度，为教师开展课程思政教学提供便利和保障。打造科学完备的课程思政制度生态环境，巩固和提升课程思政育人效果。

1. 加强课程思政育人队伍的培养培训机制建设

高校可以通过开展常态化、系统化的富有针对性和示范性的课程思政教学指导培训，譬如专题讲座、精品课观摩等，并在培训过程中倡导学习、对话、实践与反思的原则要求，以具体的活动为载体，深化育人队伍对课程思政教育理念的认知与认同，牢固育人队伍的课程思政意识，提升育人队伍的课程思政教学能力，推动其"各尽其责"，出色完成"立德树人"的时代使命。

2. 加强课程思政育人队伍的协调沟通机制建设

高校可以通过定期召开课程思政的研讨会、沟通会等方式，加强思政课教师、专业课教师以及其他人员之间的信息交流、资源共享和经验互鉴，借力深度交流，打破出力不合力、行动不联动、配合不融合，不利于提升和巩固思政工作效果的发展窠臼，深化育人共识，实现优势叠加、协同育人的良好局面。

3. 加强课程思政育人资源共享机制建设

共享不等于失去，而是为了更好的进步。实现高校课程思政育人资源的优势互补，提升和巩固高校育人成效，不仅要依靠校内共享，更要开展校际共享，高校可以通过定期举办教研互动、学术交流等活动，加强在课程思政育人队伍建设、教学内容、教学方法等方面的合作，集思广益，逐个击破课程思政难点，共同开辟课程思政育人新局面。

4. 加强课程思政育人评价激励机制建设

高校可以通过设立科学有效的评价机制和监督机制对教师参与课程思政教学进行常态化调查、综合性评价和长期性监督，帮助教师及时进行自省和调控；可以通过设立课程思政专项经费，为教师开展课程思政教学活动和科研活动提供经费支持；可以通过组织教学竞赛选树典型活动，推选出一批好老师、好课程进行推广，并对优秀的课程思政育人教师给予一定物质奖励和精神鼓励，让教师更有劲头、更有热情投入到课程思政教学之中。

（二）营造底蕴深厚的思政育人校园文化氛围

环境是影响课程思政教学的又一重要因素，它不仅会对教师践行课程思政的教学理念造成影响，亦会对学生的成长产生潜移默化的影响。人创造环境，同样环境也创造人，良好的校园环境对于学生的成长与发展起着非凡的作用。因此，巩固和提升高校课程思政的育人效果，需要高校优化实施课程思政教学的校园环境，营造底蕴深厚的思政育人氛围。

一方面，要进一步加强富有文化内蕴的校园物质环境建设。总体来看，各大高校可以依托本校特色因地制宜，合理地规划、完善校园的硬件环境，以改善师生的教学与生活环境，满足师生对美好校园生活的需求和期待。具体来讲，高校可以充分利用校园道路、人工湖、教学楼、宿舍等建筑景观，将育人因素融入其中，营造出特色的校园育人环境，实现以无声胜有声的育人效果。如，将学校校训、历史文化名人刻在景观石上，发挥其在潜移默化中熏陶人、教化人的作用，最大限度发挥校园建筑和景观的审美功能和教育功能，让学生和教师在领略风景的同时接受文化的熏陶。

另一方面，高校在加强富有文化内蕴的校园物质环境建设的基础上，也要进一步加强内容丰富的特色校园文化建设。结合学校办学理念，结合地域文化优势，结合重要时间节点，高校可以常态化开展适合传播思想、塑造灵魂的校园文化活动，通过挖掘典型、学习观摩、表彰先进等，增强教师实施课程思政的积极性，实现"学校要我干"到"我要主动干"的转变，形成"比学赶帮超"的浓厚氛围；通过"以小故事讲大情怀"的方式讲好校友故事、讲好师生自己的故事等，既在"经典的旧唱片"中寻找育人契机，也用时鲜故事浸润人心，为学生树立成长成才的标杆。

（三）打造清朗健康的思政育人网络舆论生态

网络是对学生开展思想政治工作的重要阵地。"九〇后""〇〇后"是网络时代的"原住民"，对于他们而言，网络化生活是常态。因此，巩固和提升高校课程思政的育人实效，需要把握时代脉搏。这要求教师在站稳第一课堂主阵地的同时，也要充分利用网络课堂重要阵地；要求高校要守好校园舆论主阵地，发挥好网络的育人功能；要求国家要盘活网络媒体资源，发挥好网络的正向引导功能。

在高校思想政治工作体系中，第一课堂，狭义的理解即思政课堂。然而，落细、落小、落实课程思政育人的目标，除了思政理论课教师外，广大高校专任教师亦占据着举足轻重的地位。因此，第一课堂的内涵理应延伸至除了思政课堂以外的综合素养课堂以及专业教育课堂。

网络课堂是基于网络技术的发展而出现的一种教学组织形式。它是第一课堂在网络空间的延伸，为新时代高校思想政治教育开辟了新领域，拓展了新手段。对于教师而言，充分利用网络课堂重要阵地，就必须在"灵魂深处闹革命"，摒弃落后单一的教学模式，采用创新的授课形式与方法，依托微信、网站等数字资源建立起交流互动平台，增强教学的时代感和吸引力，让教学"活"起来，学生"动"起来。

对于高校而言，发挥好网络的育人功能，就要把好校内媒体建设、管理、监督关，把好校内媒体内容采编、审核、发布关，实行专人管理，明确第一责任人，通过层层压实责任，为大学生提供优质的网络文化产品，传播主流价值。对于国家而言，发挥好网络的正向引导功能，可以借助主流媒体的力量，鼓励其运用新技术、新模式，牢牢占据舆论引导、思想引领的传播制高点。不仅要加强对高校思想政治教育对于人才培养的重要性的宣传，着重强调高校教师教书育人、"立德树人"的作用，牢固教师的育人使命，也要多宣传充满正能量的事迹，让"网抑云"变成"网愈云"。

第四节　高校课程思政育人实效性的发展趋势

高校大学生是时代新人，更是社会主义核心价值观的践行者，对国家和社会的未来发展具有重要影响。高校积极贯彻思政育人理念，创新思政教育模式，更有利于坚定大学生政治立场，提高大学生思想道德品质，使其形成良好的人格素养。

"立德树人"是高校教育实践的实质，突出"立德""树人"理念，是高校课程思政教育实践活动的核心内容。在高校的诸多课程教学内容中，课程思政教育内容尤为关键，影响学生思想观念及道德品质形成效果，培育学生的人文素养，强化文化自信和民族自信。近些年，在课程思政理念提出后，高校课程思政教育的具体价值得到了延展性发展,为高效创新思政教育注入了源源不断的力量。此种形势下,高校重视创新课程思政教育模式,充分体现"立德树人"基本目标,突出课程思政育人教育理念,进而为学生综合素质和能力的发展提供支持。

教学效率和教学质量,是高等学校不断追求的目标。首先,以课程思政建设为契机,可提升专业和思政课教师的教学观念。改革教育观念有助于改善教育方式,提高一线教师教学能力。在课程思政建设的大环境下,思政教师和专业课教师合作不仅能制订系列性培养方案,还能为思政教育元素的合理渗透提供有效途径,保障思政教育与多元专业课程教学完美融合。同时,高校思政教育多元化发展,是课程思政教育改革的重要方向,专业课教师也要肩负起渗透思政教育内容的职责,重视培养和关注学生思想发展情况,让其在实际学习中体会到"思政"的魅力,从而促进教学质量和教学效能不断提高。

高校课程思政教育实践课程建设以学校为中心,高校办学及发展要顺应新时代发展趋势,保证马克思主义思想在高校中的凝聚力。加强对大学生思想政治工作的领导,增强大学生的思想意识,提高大学生思想政治工作水平。同时,加强学校基层组织建设,强化常规性课程思政教育工作。此外,高校教师要发挥表率作用,充分挖掘和利用好实践教学中发现的各种问题,把课程思政实践教学资源整合起来,促使课程思政课实践育人理念落地生根。具体实践时,要做到以下几点:一是要切实履行校级领导对课程思政实践教学的领导职责,加强思想政治工作;二是要加强校级层面的理论和政策研究,作好顶层设计,把思想政治教育的理念融入实际课程教学中;三是要充分发挥教务处的主导作用,牵头组织好制订课程思政教学计划,全面监督及督促思政工作实行情况,保障教育改革政策顺利落实,形成各部门联动推动思想政治工作创新发展的局面。

目前,我国高校课程思政改革已经取得了一定成效。然而,在教学实践中,高校仍要不断拓展教育途径和平台,构建"课堂实践""校园实践"和"社会实践"相结合的教育模式。例如,建立第二课堂,高校创设教育平台来培养学生的实际动手能力;又如,通过开展传统文化艺术节、文化创意大赛及微视频大赛等形式,在高校中建立起理论和实践相结合的文化教学系统。通过实施以上措施,使思政工作真正深入学生的整个学习和生活中,令课程思政教育的价值得以充分发挥。

再如，高校应积极迎合新媒体环境下大学生喜欢短视频的趋势，创新设计思政教育新模式，促进思政教育与新媒体、互联网等融合，进一步增强思政课对大学生的吸引力。除此之外，随着"网络＋教育"模式的广泛应用，高校要注重整合课程、科研、实践、文化、网络及心理等各方面的育人主体力量，积极完善网络思政育人平台，为实现"网上育人"作用奠定坚实基础。

课程思政是高校实施思政工作的一个重要途径，直接关系到思政育人效果和教学质量。如今，高校教育改革为我国高校课程思政教学工作的发展指明了方向。在加强思政工作时，必须强化思政师资队伍建设，培养一批专业素质过硬、业务能力强的教师队伍。同时，在实施课程思政教育时，要注重加强对高校思政师资的培养，采取校内培训、校外交流等方式，并鼓励年轻教师继续深造。此外，要加强教师职业素质与技能培训，从而促进教师运用现代教育手段优化思政课堂教学工作。需要注意的一点是，高校在选拔年轻人才的过程中，要注意培养学生语言表达能力和创造能力。最后，提高思政课教师在课堂教学中所占的比重，不仅要注重专业研究，还要注重课堂教学，突破传统思政教育模式下教师"专著科研""忠于立项"的用人传统，促进教师专业研究与课堂教学相结合，使教师能更好地投入到课堂教学中，提高思政教学质量。

思维是行动的导向，高校课程思政教育改革必须建立在思想观念创新的基础上，要把优化教育思想及方法作为提升教育质量的根本保障，完善教学内容和形式，切实提高思想政治教育水平。在新时期，由于不同文化和知识交流碰撞，大学生价值观发生了一定变化，从一元主义走向多元主义，这便需要教师在思政课上下功夫，重视创新教学方式，把握学生身心发展特征与规律，以适应不同学习需求。首先，强调学生在课堂上的主体性，增强课堂教学互动性，创造良好的课堂气氛，充分发挥学生主动性，激发学生学习热情。其次，充分发挥"微课"作用，建立"翻转课堂"。在实施思政课堂时，要做到师生"角色转换"，做到"灌输式"与"启迪式"的有效结合，使学生能够高效学习。最后，要充分挖掘思想政治教育资源，把统一性与多元性结合起来，思政教师要借助"慕课"平台，围绕实际教学的需求，依据学生学习情况，合理安排教学资源，从而提高思政教育质量。思政教师要做好"引导者"的工作，在创新课堂教学中，及时了解学生学习状况和学习成效。同时，要做到"因材施教"，灵活运用各种教学手段，坚持"政治性与学理性"的原则，努力探索多种教学方式，以增强学生对思政的情感认同，从而提升课堂教学质量，增强思政育人影响力和辐射度。

高校课程思政教育应从课堂、实习及社会活动等各方面入手，通过搭建校园政治实习平台，为大学生提供社会实习和社会政治参与的机会，提高政治素质。首先，可通过校企合作及建立创业就业孵化基地等多种形式，对学生课外实践活动进行评价。在课程思政背景下，应从学生实践活动中对其进行分析，从而正确地检验其实施效果。其次，由于学生数量庞大以及校外社会实践机会短缺，教师需通过校园网络平台，在校内开设行政实习岗位，对学生进行思想道德素质考核。最后，在"立德"基础上，教育者必须抓住机会，建立校内外思政实践平台，从而强化"树人"效果。

教学督导与辅导员是学校教风、学风建设的主要人员，其对课程思政育人方法的实效性进行科学诊断，有利于提出相应的对策。同时，辅导员要负责安排学生学习，指导学生职业发展。辅导员是学生心理健康的保护者，能使高校学生对外界事物有更多的理性思考。此外，寝室管理员、图书馆员在高校思政育人的日常工作中也扮演重要角色。总的来讲，辅导员在教学中扮演服务角色，其与专业教师的不同之处是他们没有一套固定的标准，也没有一套教学方案，需要根据所服务对象的特点"对症下药"，在潜移默化作用下，把"如何培养人"的枝节都收束起来，使思政教育的作用无处不在。随着信息化进程加快，各大高校纷纷开通官网、微博、微信公众号，为学校思政教育工作开拓了新的道路，教师和辅导员要注重应用新型教学方式，营造良好的思政教育环境，增强学生学习意识。

在传统教育模式下，课程思政教育和心理健康教育缺乏横向联系，不能充分发挥两者的协同效应。因此，在选择和发展特定的融合战略时，应该从多种形式和结构中发掘出不同材料，找到彼此之间的联系，从而使其内在价值和作用得到充分发挥。例如，在心理健康教育课上，可从抗美援朝时期的历史背景出发，分析积极心态的作用，启发学生积极心态能激发人的高尚意志品质，从而形成一种强大的积极行为，讴歌志愿军奉献精神，引导学生积极投身实现中华民族伟大复兴的建设，实现思政教育与心理教育的共振效应，促使高校学生形成良好品德及意志。

随着高校课程思政教育工作改革及发展，教师应结合思政育人实际价值，树立先进的教育思想，建构完善的课程思政育人体系，进而提升思政育人的有效性，为高校学生全面发展助益。为此，在后期的课程思政教育实践中，相关教育人员要意识到思政教育实践的重要意义，拓展思政育人新格局，从根源上强化思政育人的优质性，培养更多德才兼备的时代新人。

高校课程思政育人观念现代化是课程思政教育现代化的前提条件，是影响其他环节现代化的决定性因素。高校课程思政育人观念现代化的标志主要表现在以下几个方面：开放的观念、发展的观念、多样化的观念和创造性的观念。现代社会是一个空前开放的社会。课程思政教育面临着开放的大舞台，必须改变传统的、封闭的教育观念和教育体系，确立开放的教育观念，并建立开放的教育体系，才能与现代社会发展趋势相一致。高校课程思政教育的发展，包括向纵深方向的不断更新、拓展，即在新的社会条件下，不断继承、弘扬传统并赋予传统以新的活力，而且发展、创新并形成新的理论与方法。简单化、单一性的课程思政教育已经不适应社会主义市场经济的发展，也不适应信息社会的要求。价值取向的多样性、思想表现的层次性、道德要求的广泛性，必然成为现代社会多样化发展的重要侧面，使思想政治教育领域呈现出主导性与多样性相结合、先进性要求与广泛性要求相结合的，生动活泼、丰富多彩的局面。高校课程思政育人和教育的创造性，表现在过程上是理论与实际的高度结合，思想与行为的协调一致；表现在结果上是创新本单位富有特色的精神文化，有效调动人们的主观能动性，最大限度地开发人们的潜能和人力资源。总之，高校课程思政育人观念现代化，就是要在广泛的时空维度上，确立一种动态的、立体的、辐射的教育观念，一种创造的、高效的教育观念。

高校课程思政育人和教育体制，包括思想政治教育决策与管理体制、运行与结构体系。高校课程思政育人体制现代化，是实现课程思政教育和育人实效性和现代化的重要保证。它是教育决策、管理的民主化和科学化、教育决策、管理的民主化，就是要充分尊重、发挥人们在教育决策、管理上的自主性与创造性，让更多的人关心思想政治教育；就是要把思想政治教育与人们本职工作结合起来，动员、组织更多的人参与决策与管理，主动地参与各项活动；就是要把思想政治教育同人们的全面发展与切身利益结合起来，经常听取人们的意见，满足人们发展提高的需要。要实现思想政治教育决策、管理的科学化，要先做到民主化，依靠群众，广开言路，尊重群众的首创精神，善于集中群众的创造智慧。

高校课程思政育人的国际化发展趋势主要表现在以下几个方面：第一，育人观念的国际化，要突破陈旧的思维模式，大胆走向国际舞台，通过借鉴、吸收他国的有益的东西来发展自己。第二，要培养人们适应国际社会发展的能力。面对复杂的国际环境，要培养青年的分析辨别能力、适应生存能力、合作能力和自主发展能力。课程思政育人理念的国际化发展趋势，既是经济全球化、信息全球化、教育国际化发展的客观要求，也是思想政治教育现代化发展的必然走向。世界范围的经济竞争、科技竞争势头日益强劲导致人才竞争也渐趋激烈，面向世界培养本国所需要的人才已经成为各国的重要目标。经济全球化是一把"双刃剑"，它在给我们带来巨大机遇的同时，也会给我们带来巨大的挑战。作为资本和先进技术的主要拥有者，发达国家在经济全球化过程中总是处于主导地位，这种相对优势使他们在规则的制定方面具有主导权。我国是世界上最大的发展中国家，在参与经济全球化的过程中应该努力争取谋求本国的利益，而作为国家的一分子，我们也应该时刻把国家的利益放在第一位。这就要求高校课程思政育人和教育抓住爱国主义这个中华民族的优良传统，在经济全球化的形势下把全国人民的心紧紧地连在一起，增强国家的凝聚力，提升民族自豪感和自信心，在激烈的国际竞争中不断取的新的突破和成就。现代课程思政育人和教育必须面向世界，树立世界眼光和开放意识，充分利用人类文明所创造的一切优秀成果。

在面对经济全球化趋势不断加强、科技进步日新月异的今天，作为课程思政育人的参与者，必须紧跟时代的步伐，在新的社会条件下与时俱进，不断研究高校课程思政育人和教育所呈现的新趋势、新特点。这是时代交给我们的重要任务，是新形势下提高学习和研究水平的重要前提。同时，研究新世纪思想政治教育的发展趋势，对于不断改进课程思政育人、推动人和社会的发展，也具有重大而且深远的意义。

面对新形势，迎接新挑战，实现新发展，党和国家坚持"因事而化、因时而进、因势而新"的科学理念,[①]并在长期的探索努力下，开创了富有中国特色的思想政治工作育人举措——课程思政。课程思政的推出，不是偶然的，而是基于时代的呼唤，基于社会的需求，是习近平新时代中国特色社会主义思想中关于重视稳固高校意识形态阵地、提升高校思想政治教育实效、实现"立德树人"根本任务的集中体现。

面对世界百年未有之大变局，加上我国正处于实现中华民族伟大复兴的关键时期，高校课程思政育人的实效性只会加强，不会削弱。如何有效开展课程思政建设，助力"立德树人"任务的实现，为应对大变局、实现中国梦提供强劲动力，是高校面临的一个崭新课题，也是一项重大挑战。也正因如此，高校课程思政育人实效的巩固和提升需要协同合作，久久为功，持续发力。课程思政和思政课程这两个齿轮必将实现有机衔接，必将推动新时代我国高等教育实现内涵式发展。

---

① 胡绍红. 大学生思想政治教育研究 [M]. 北京：研究出版社，2020.

第五章 新时代高校课程思政建设的实践指向

本章主要探讨高校课程思政的建设，分别从高校课程思政建设的实践成效、高校课程思政建设的困境及其成因、高校课程思政建设的推进路径三个方面展开详细阐述。

第一节 高校课程思政建设的实践成效

在党和国家的高度重视下，全国各省市、各高校因地制宜、因校制宜，积极探索课程思政建设新模式和有效路径，把课程思政建设作为加强高校思想政治工作、全面提高教育教学质量的重要抓手，初步形成了高校普遍重视、院系广泛动员、教师积极参与的局面。

一、高校课程思政建设模式初步形成

2016年，全国高校思想政治工作会议召开以后，全国各省市、各高校开始积极探索课程思政建设的有效路径与方法，并初步形成了课程思政建设模式。

第一，坚持党的领导，强化机制体制建设。在课程思政建设工作中，高校始终坚持以马克思主义为指导，深入贯彻党的教育方针，积极落实"立德树人"根本任务，坚持党对课程思政工作的统一领导，不断强化校党委的主体责任，将课程思政建设工作纳入学校总体发展规划，全面细致部署课程思政建设总体工作，统筹各行政部门、二级院系积极推进课程思政建设，形成了宏观指导、统一规划、组织协调的课程思政育人体系，不断促进机制体制建设，创造全过程育人、全员育人、全方位育人的综合型格局。如复旦大学党委坚持全课程推进、分类型指导、体系化建设的原则，建立健全协同推进课程思政建设的组织领导机制、评价机制、

协同机制等，推进"三全育人"常态化、长效化。

第二，加强队伍建设，大力推动专业课教师在育人能力、育人意识等方面的水平的提高。在全面促进课程思政建设发展的过程中，教师发挥着重要作用，其育人意识和能力是课程思政有效推进的根本保障。因此，各高校通过综合采用教师培训、课程思政工作室、课程思政课题教研、课程思政示范课打造等措施，增强专业课教师的思想政治育人意识和能力。复旦大学将课程思政纳入教师岗前培训、在岗培训和师德师风与教学能力专题培训，优化课程思政日常培训体系，并采取案例、观摩、实训、社会实践等多种教学方式，有效深化广大教师对课程思政建设的认识，以确保课程思政建设稳步落实。在学校和院系多个层面开展研究生导师的课程思政教育培训，通过新任导师培训、系统性专题培训、国际化师资培训和在线网络培训等不同形式的培训项目，构建全方位、多角度、常态化的研究生导师培训体系。华北电力大学在岗前培训、在岗培训和师德师风与教学能力专题培训中设立单独的课程思政培训单元，增强教师的育德意识和育德能力。实施思政课教师与专业课教师"1+1结对子"工程，马克思主义学院教师全程参与课程思政建设。

第三，将焦点集中于课程建设，强化专业课的主场作用。专业课是课程思政建设的"主战场"，各高校全面推进所有专业课的课程思政建设工作，形成了课程门门有思政，教师人人讲育人的格局。与此同时，高校根据不同专业和学科特点，分类推进课程思政建设。复旦大学围绕"立德树人"根本目标，以专业类别为基础单位，结合专业人才培养目标和培养特色，有效梳理专业课教学知识，根据不同课程的特征、思维方式和价值观念，深入探究其中的课程思政要素，分类开展公共基础课程、专业教育课程、实践类课程的课程思政建设工作。华北电力大学全面修订教学大纲，从教学目标、教学内容、教学方法等方面充分挖掘各专业课程蕴含的思政元素，实施专业导论课建设计划，建设课程思政案例库，启动"一院系一课程"课程思政示范课建设。重庆大学系统梳理各类课程所蕴含的思想政治教育元素，纳入教案内容和教学大纲，针对公共基础课程，建立健全专家领衔制，组建名师大家教学团队，鼓励跨校联合授课；针对专业教育课程，融入家国情怀、社会责任、科学精神、人文精神、职业素养等思政元素；针对实践类课程，注重"知行合一"，深入推进实践教学改革。

第四，积极优化课程思政评价体系。为有效推进课程思政建设进程，高校积极优化课程思政评价体系和监督检查机制，突出价值引领，将学生的情感、价值观等作为课程思政建设成效的重要考量因素，加强课程思政建设的检查与监督，完善激励机制，将教师的思政育人意识与能力、参与课程思政教改的情况和效果等作为教师考核评价、评优奖励、岗位聘用的重要依据。复旦大学充分发挥各专业教学指导委员会、专业学位教育指导委员会等专家组织作用，研究制定了科学化、多维度、分专业的课程思政质量和成效评价体系，把课程的思想性、价值性作为评价课程的重要标准，并将教师开展课程思政建设的效果视作工作量与绩效的衡量部分，以将其作为教师参与考核、接受岗位聘用的参考材料之一，作为参评国家地方高层次人才支持计划的"立德树人"重要成果。学校教学督导组要开展经常化、制度化、规范化的课程思政质量评估。例如，华北电力大学建立课程思政考核评价体系，将课程思政建设成效作为"双一流"建设、学科评估、教学优秀奖、教学名师、优秀教材、优质课程、教学成果奖等考核评价的首要条件和重要内容。开展课堂教学质量综合评价，围绕学校督导、学生评价、院系督导设立"课程思政"观测点。

二、专业课教师的课程思政建设意识和能力明显增强

教师是高校课程思政建设的主力军，其课程思政建设意识和能力从根本上影响着课程思政建设成效。在党和国家的高度重视下，高校积极开展机制体制建设与各类培训工作等，可以有效推动专业课教师的课程思政建设。

就专业课教师的课程思政建设意识而言，多数教师对课程思政的基本认知是正确的，且建设积极性不断增强。从本质上讲，课程思政并非课程与思政的简单相加，而是二者的有机融合，思政寓于课程之中。课程思政是一种新的课程观，并非一门新的课程或一种新的教育实践活动。当前专业课教师对于课程思政的基本认知是正确的。在大部分教师眼中，课程思政不是简单地将专业课程与思政教育进行相加，课程思政建设能够积极推动学生的身心成长。教师就课程思政建设

发挥的作用所产生的看法，会在很大程度上影响教师开展课程思政建设的积极性。多数教师表示：专业课教学中的价值引导对学生成长具有潜移默化的作用。

　　基于对课程思政基本内涵、必要性的正确认识，越来越多专业课教师开展课程思政教学实践的自觉意识和积极性明显增强，主要表现在两个方面：一是在绝大多数专业课教师看来，开展课程思政建设很有必要。教师越是认同课程思政建设的必要性，其开展课程思政教学实践与研究的自觉性与主动性就越强。二是教师积极主动开展课程思政建设工作。在认同课程思政建设必要性的驱动下，专业课教师必然会积极投入具体建设工作。为了深入探讨专业课教师对实施课程思政建设的积极性，从课程思政建设能力的角度出发，在党、国家、各省市、各高校的高度重视下，专业课教师的课程思政建设能力不断提升。在访谈中，绝大多数教师表示对原先的专业课教学进行了有针对性的调整，在教学实践层面上展现为将价值塑造纳入教学目标，系统梳理并整合专业课教学中的思想政治教育元素，采用多样化教学方法开展价值引领。

　　一是将价值塑造融入专业课教学目标。教学目标是课程思政教学实践开展的指引，对于教育教学活动的全面展开，具有根本性的指导意义。为了实现"立德树人"的根本目标，我们必须将塑造价值、传授知识和培养能力这三个方面有机地结合在一起。在新时代下，以思想政治理论课为重点，深化"三全育人"改革，是实现这一目标的重要途径之一。全方位促进课程思政建设，旨在将价值观与知识传授和能力培养进行有效融合，以协助学生树立正确的人生观、世界观、价值观，这是人才培养的必然要求，也是不可或缺的内容。因此，将价值塑造融入专业课教学目标是应有之义。

　　二是系统梳理并整合思想政治教育元素。教学内容是在课程思政教学目标指引下，整合教学信息、重构教学信息的成果。强调理想信念教育是课程思政建设的重点。这意味着大学生在人民、社会主义、集体等方面的情感需要得到培养和激发。此外，学生的政治意识、文化素养、宪法法治观念以及道德修养也需要得到提升。为此，高校需要更加注重课程思政内容的优化和提升。为了让中国特色社会主义、中国梦、社会主义核心价值观、法治观念、劳动精神、心理健康和中华优秀传统文化的传播宣传更有力度，高校需要采用有针对性、有重点的教育方法和活动方案。

三是教学方法多样化。教学方法是连接教师与学生的桥梁。在课程思政教学实践中，专业课教师综合采用案例教学、讨论式教学、讲授式教学、情景式教学等多样化教学方法进行价值塑造。

三、学生对课程思政教学的满意度较高

作为课程思政教学对象，学生是否满意及其满意度如何，是课程思政建设成效的直接体现。

第一，多数学生认为课程思政教学帮助其形成了正确的价值观和思维方式。专业课教学中的价值引导对于学生成长为德才兼备的人才至关重要。在访谈中，多数学生表示，课程思政教学能够帮助其树立正确的价值观，形成科学的思维方式。

第二，多数学生表示课程思政有助于自身成长与发展。从整体上讲，绝大多数学生认为课程思政教学中的价值塑造和思维方式培养有助于其成长与发展。

第三，学生对课程思政教学的认可度较高，学习积极性较强。学生的认可度和学习态度在很大程度上反映了课程思政教学的成效。

第二节 高校课程思政建设的困境及其成因

一、高校课程思政建设的现实困境

（一）课程思政建设组织协同度有待提升

课程思政作为一项系统性工程，涉及面十分广泛，几乎所有的院系、所有参与教学工作的教师都需要参与其中。与此同时，当前高校推进课程思政的成效参差不齐，集中体现为教师思想政治素养和能力、不同课程开发育人教育效果、同一课程思政教育资源挖掘现状、学生获得感等方面良莠不齐的状态。这些现象之所以出现，一个非常重要的原因就是高校课程思政建设的协同度不够高，即在推

进课程思政建设过程中，存在各个部门、各个院系、各类专业课课程"单打独斗""各自为政"的问题。

1. 学校各部门的联动或协同偏弱

课程思政建设不仅是专业课教师的工作、是各二级院系的工作，而且涉及教务管理部门、人事部门、宣传部、科研处等多个单位。当前课程思政建设工作往往由教务处牵头，其他专业院系包括马克思主义学院参与和配合。课程思政建设要求在师资建设、评奖评优、专业技术评聘、课程思政建设目标和规划等方面的缺位，导致当下课程思政建设外驱力不足，处于"软约束"状态，更多依赖于专业课教师的兴趣、自觉，以及示范课程的激励。

2. 专业课与思政课尚未形成同向同行的协同效应

专业课与思政课二者实现协同发展的前提是既要把握好各类课程、各门课程的边界，又要明确彼此融合、协作的重点与难点。专业课教师从自身对课程思政的认识出发，要么在专业课教学中大讲特讲思政课相关理论，要么不能精准识别、系统构建其所讲授课程，仅仅通过简单方式，将思政教育要求与课程教学杂糅一体，因而难以充分发挥其隐性思想政治教育功能，并同显性思政课教学形成共振效应助力学生成长成才，甚至可能导致专业课教学成效大打折扣。

3. 课程体系构建缺乏系统性

高校在推进课程思政建设工作中，应科学设计和不断完善课程体系，使教学运行能够有效承载课程思政建设目标和任务。当前高校课程思政建设存在的突出问题就是课程体系缺乏科学规范的系统化设计，主要体现在三个方面：

一是课程思政建设要求每一个专业根据年级、学段、人才培养目标等要求从纵向角度对各种思想政治教育资源进行深入挖掘和有效运用，实现由浅入深、由点到面的课程体系设计。而目前课程思政由于缺乏纵向层面的系统化、精细化设计，导致同样的思想政治教育内容在不同学段重复出现、反复贯穿。

二是在课程思政建设中，不同课程应按照课程性质、定位，从不同视角和维度构建系统的、全面的、协同的课程体系。然而，长期以来，专业课教师只潜心专业课教学组织设计工作，力图通过多种路径和方法讲深讲透专业课理论知识和技能，而忽视了与其他专业课教师的协作。事实上，对于教师而言，其所讲授的课程是有限的一门或几门，但对于学生而言，其所面对的是一个课程群，不同课程有着密切的关联性和交叉性。不同专业课教师之间缺乏有效沟通与协作，会在很大程度上削减课程思政的教育效果，导致课程思政与学科内容无法妥善衔接、简单重复，甚至冲突，最终导致学生学习获得感降低。

三是课程思政建设要求打通育人的各个环节，实现全过程、全方位育人。当前课程思政体系建设重在专业课教学，缺乏系统性，忽视了其他隐性教育资源，如校园环境、社会环境、社会实践等环节的育人元素的挖掘和课程思政建设。

（二）课程思政建设责任传导"上热中温下冷"层层衰减

目前来看，绝大多数高校为深入贯彻落实"立德树人"根本任务，积极推进课程思政建设工作，制订了相应的实施方案，建立健全机制体制，并自上而下地为课程思政建设组织提供动力。但是，课程思政建设的责任传导在现实实践中却出现了"上热中温下冷"层层衰减的问题。

1. 以行政命令式的做法推进课程思政建设工作

科学、有效的组织领导是推进高校课程思政建设工作有序开展的前提和保障。科学、有效的组织领导建立在对课程思政建设相关行政管理部门、二级院系、一线教师的思想动态与现实实践有所了解的基础上，否则难以在最大范围内调动中层、基层各个单位和个体开展课程思政建设的积极性与主动性。

当前高校课程思政建设工作存在的一个典型问题在于，部分高校在课程思政建设中，在并未开展充分调研的前提下，习惯性地以"命令式""动员式"的行政做法"强行"推进课程思政建设工作，要求各部门、各院系和各门专业课教师在短时间内实现思想政治教育元素的"融入"。尽管学校组织领导层高度重视并积极推进课程思政建设工作，形成"上热"的强劲驱动力，但在现实工作中难以充分调动院系、一线教师的积极性，继而出现"中温下冷"的问题。

2. 管理中层对课程思政及其实施方案的理解、认同度较低

高校相关教学行政管理部门、二级院系的中层管理承担着信息传达的职责。一方面，中层管理者将学校课程思政建设实施方案、制度、政策准确及时地传达给基层工作人员和一线教师，并将基层人员的意见、需要和问题真实完整地向学

校领导层汇报，从而实现全员目标一致；另一方面，中层管理者要通过目标分解、任务分配、协调监督等推进学校课程思政建设方案和规划的具体落实。

然而，在高校课程思政建设工作中，部分中层管理者由于对课程思政理解不到位、不准确，以及对学校课程思政实施方案、政策认识不充分，导致在现实工作中时常以宣读文件、口头转述的行政方式传达相关课程思政建设要求，并未对一线工作人员和教师的课程思政建设困境、需求等进行深入了解和分析，继而总结汇报到学校领导层。同时，部分中层领导并未对其部门、院系落实学校课程思政建设方案进行整体部署、具体分工和常规性监察。这些情况必然导致高校管理中层在课程思政建设中存在"中温"问题。

3. 管理基层组织本身和认识上的不足

在课程思政建设责任传导中，组织领导层"上热"的高度重视传导到管理中层，演变为"中温"宣传贯彻，当学校课程思政建设部署、规划、政策抵达管理基层时，部分教研室主任、党支部书记等基层管理者就不可避免地出现了"下冷"的问题，在具体实践上表现为不积极组织团队成员围绕学校课程思政建设实施方案、各门专业课课程思政建设实践路径与方法进行深入研讨。

部分学校基层管理者难以与学校组织领导层、中层管理者在课程思政建设工作上形成同频共振的原因主要有两方面：一是组织本身凝聚力弱，对学校课程思政认可度低或团队协作意识差；二是基层管理者不知道、不认同学校的课程思政建设方案、制度、政策。

（三）专业课教师课程思政建设的德育领导力有待增强

高校各类专业课教师均承担着教书与育人的双重职责，课程教学也承载着育德与育才的双重功能。但是，一些专业课教师并没有具备合格的课程思政意识和德育领导的能力。

目前，一些教师没有正确认识课程思政建设的重要性，主要有以下几点表现：一是这些教师并不认同课程思政建设。课程思政建设的开展与否，是专业课教师对这项工作认知并进行价值判断的逻辑起点，直接关系着其教学实践活动。大学肩负知识传授和价值塑造的双重职能，这必然要求教师在专业课教学中实现价值引导和精神塑造，这是专业课教师必须承担的一项工作。然而，依旧有少数的教师认为课程思政建设并不重要甚至没有必要，这反映了专业课教师尚未普遍形成对课程思政建设的共识和实践自觉，导致其未在行动中真正落实课程思政教学的基本要求，进而无法在教书的同时有效开展育人工作。部分教师甚至仅仅将课程思政建设作为应付上级部门检查，以及申报课题、奖项、荣誉的工具，这既不符合教师教书育人的本职工作，也违背了课程思政建设的价值导向。二是部分教师对"课程思政的含义"的认识不够准确。从本质上讲，课程思政实际上是一种新的课程观，并非一门新的课程或一种新的教育实践活动。一些教师为了应付检查或迎合行政要求，使专业课程思政化，即在专业课教学过程中占用大量的时间浓墨重彩地讲授思政课相关内容，甚至将专业课变成了思政课。同时，也有部分专业课教师在课堂教学中，没有考虑专业知识与思政教育资源的契合性与融合度，"强行"将育人内容融于专业课教学之中，这样就不可避免地出现了"新两张皮"问题，即尽管在专业课教学中涉及育人元素，但专业知识讲授、技能培养与思想政治教育资源彼此分裂、割裂甚至冲突，这不仅在很大程度上削弱了专业知识和技能的有效传授，而且极可能引发学生对专业课教学方案的敌视情绪，育人效果不升反降，违背了课程思政建设的初衷。三是少数教师对课程思政"全过程育人"的理解存在误区。所谓全过程育人，是在整个教学环节，包括教学目的、内容、方法、评价等方面将价值塑造要求纳入其中，并非指每一节专业课都要开展课程思政教学。

在新时代的教育背景下，高校教师的育人方式正在面临"四大转变"，即教学方式由知识育人转变为文化育人，教学内容由单纯的知识教授转变为融合知识背景、传授专业知识，教学链条由教授单门课程转变为整个教学体系的培养构建，教学任务由单方向灌输接受转变为落实"立德树人"根本任务。在此背景下，高校教师的德育工作也面临新的挑战。教师德育领导力是教师在实施课程教学过程中，能够主动结合课程思政教学，以融入的方式对学生实施的立德影响力。在专业课教学中巧妙地融合思想政治教育，需要专业课教师具备高超的能力和素养，而且专业课教师的这些能力和素养是影响课程思政效果的核心因素。为了将思想政治教育贯穿于专业课程教学之中，专业课教师需要具备丰富的专业知识和技能，同时还需要拥有相应的理论素养，能够有机地结合思想政治教育，并需要掌握开展专业思想政治教育所需的技巧。毫无疑问，就整体而言，专业课教师在不同程度上存在德育领导力不足的问题。

专业课教师应当具备更高超的德育领导力水平，以满足课程思政方面的各种要求。首先，专业课教师需要拥有对政治的高度敏感和深刻的思考能力。专业课教师应该始终坚持社会主义教育理念和正确的政治取向，全身心地投入到教育教学和人才培养工作中，勇敢地履行教育使命。教师具备良好的思想政治素养可以成为内在的推动力，促使其不断提升自己的素养水平。同时，这种素养还在引导和带领教师提升科学文化素养和专业技术素质等方面起到了重要作用。这恰恰体现了课程思政对教师的要求，即教师不仅要传授知识，还要引领学生塑造正确的价值观。其次，专业课教师需要拥有相应的马克思主义理论基础知识。专业课教师要在教学中融入思想政治教育，还需要具备充足的理论知识和敏锐的理论意识。只有当专业课教师在课程思政要求的理论素养方面达到标准时，才有可能成功地在课堂上有效传达相关内容，促进学生的认同与成就感，并通过一个完整的课程思政教学逻辑来实现这一目标。最后，专业课教师需要掌握如何巧妙地运用专业课程来进行思想政治教育的方式。为了使课程思政能够有效实施，专业课教师需要了解学生的思想认知发展状况和思想政治教育的教学规律，同时，深入探究专业知识与思想政治教育之间的内在联系，从而确保课程思政的有效实施。

在这种需要综合能力的情况下，专业课教师在上述几个方面的素养还有提升空间。在短时间内，根本上改变这种情况是相当困难的，因为它受到学习和工作环境的影响。首先，许多专业课的教师由于其学科专业背景的影响，没有机会接受足够系统、科学的马克思主义理论教育，在理论知识存储和运用方面表现出明显的缺陷。其次，长期以来，高校专业教师重视专业知识教育和技能传授，却忽略了价值观的引导作用，这个问题迄今为止仍未得到有效的改善。因为思想政治教育长期被同其他学科隔离开来，专业课教师缺乏自我提高思想政治教育技能的积极性。要提升专业教师的能力水平，以解决他们对融入思想政治教育的课程的认可问题，从而使他们在实际的教学中有效实施。为了使专业课教师能够真正接受并落实课程思政，高校需要加强他们在这方面的能力，以此打造长期有效的课程思政学习机制，从而让高校专业课教师自发地相信课程思政，并在教学过程中对其加以运用。

高校教师在开展教学过程中，需要注重规划思想政治教育，深入挖掘和分析其相关课程内容。为协助学生解决问题，高校教师需巧妙地在教学的各个方面灵活运用马克思主义的立场、观点和方法，帮助学生深入思考并作出正确判断。高校教师还需要教导学生培养正确的世界观、人生观和价值观。在进行思想政治课程教学时，非思想政治专业的教师通常需要担任辅导者的角色。因而，教师的思想政治素质将会直接影响到课程思想政治教育的效果。因此，为了在教学中有效地开展思想政治教育，教师必须真正理解、信仰并践行马克思主义。

教学组织设计作为整个教学活动的指引和前提，是教师教学能力的集中体现，然而由于部分教师缺少相应的培训与自我学习，导致在课程思政教学组织设计较为薄弱。

二、高校课程思政建设困境的因素分析

高校课程思政建设之所以出现上述问题，原因是多样的，各种原因纵横交错，影响且制约教学成效。有的是教师自身能力的不足，有的是机制体制构建尚不健全，还有的是社会大环境的因素。具体而言，主要包括以下三个方面：

（一）宏观层面

"顶层设计"这一概念的起源可以追溯到系统工程学，其本质在于基于系统论，从全局的角度出发，对工程的各个层面和各个要素进行整体构思和战略规划。随着时间的推移，这一概念开始被社会科学研究领域引用，旨在强调整体战略设计在规划设计中的发挥的重要作用。高校落实"立德树人"根本任务的重要且有效途径之一，就是加强课程思政建设。其有效开展和良好成效的取得离不开高校党委的顶层设计。近年来，从国家到各省市、高校都在积极推进课程思政建设，并不断强化顶层设计，以期增强课程思政建设的协同效应。如上海市把握宏观、中观、微观三个层面，强化课程思政统筹推进。一是从宏观层面，强化整体规划，制定出台《关于推进上海高校课程思政教育教学改革的实施意见》，推动全市所

有高校成立课程思政改革领导小组。二是从中观层面完善运行机制，推动各高校建立健全教务部门和教师工作部牵头负责，院（系）具体负责，人事处、宣传处等相关部门直接参与的领导体制和工作机制。三是从微观层面健全技术规范，推动高校更新和完善教育教学管理技术标准。南京大学通过落实主体责任、优化组织机构、融入总体规划三个路径将课程思政纳入学校新时代人才培养新体系，融入新版本科人才培养方案。但总体而言，高校课程思政建设顶层设计仍然较为薄弱，从根本上影响了该项工作的推进和成效。笔者聚焦高校在课程思政建设顶层设计中存在的不足，认为其存在的问题主要体现在以下几个方面：

1. 课程思政建设目标不明确、不切实际

课程思政建设需要高校根据国家有关文件要求从整体上把握建设目标和要求，强化顶层设计，形成"育人共同体"。不同的高校由于自身不同历史与文化积淀、学校类型的差异性，其课程思政建设的切入点、侧重点和目标应相互区别、各具特色，而不能犯本本主义错误，照搬照抄。当前部分高校由于没有深入、综合分析学校办学特色、人才培养目标、学科特点、历史文化积淀等因素，难以找准自身目标定位。一些高校甚至还存在忽视课程思政建设目标定位这一问题。这就造成在落实国家和省市课程思政建设方案与要求时，本校课程思政建设目标不集中、思路不清晰——要么过高，难以实现；要么过窄，各子系统难以有效贯彻和执行。具体而言，课程思政建设目标定位不清晰、不精准可能导致三个后果：

一是难以形成目标合力。各行政部门、各院系作为课程思政建设子系统，根据其工作要求和对课程思政的理解，更关注自身具体目标，忽视子系统目标应服从、服务于学校整体课程思政建设目标，导致高校课程育人成效大打折扣。

二是影响各行政部门、院系开展课程思政建设积极性、主动性的增强。学校课程思政建设目标的不清晰、不明确必然造成各行政部门、院系在贯彻落实学校课程思政建设方案时，缺乏明晰的方向感和动力，难以积极投入课程思政建设，并富有创造性地开展课程育人工作。而学校课程思政建设目标过高、过低，很容易造成各行政部门、院系在贯彻落实学校课程思政建设工作时出现畏难或者不扎实推进的状况。

三是难以细化分解具体工作。学校课程思政建设目标的不清晰或者过虚、过空泛，在很大程度上造成这一总体目标很难被分解成各行政部门、各院系的子目标，最终造成高校课程思政建设工作无法在具体落实中加以细化。

2. 课程思政建设制度设计较为薄弱

高校课程思政建设整体规划要落实到实践层面，需要相应的制度保障和支撑，因此在顶层设计过程中需关注制度建设方面的内容，通过外在制度规范各子系统的课程思政建设行为，并推进各子系统的协作以实现学校课程思政建设总目标。当前高校课程思政建设中的制度设计方面存在的问题主要表现在以下几方面：

一是制度设计不完善。落实整体规划、规约各子系统行为的制度设计，如领导协作机制、监督考评机制、激励约束机制等存在不完善，甚至部分缺失的问题，这最终会导致"立德树人"成效不尽如人意。

二是制度种类多、制度之间缺乏关联性。部分高校为推进课程思政建设工作，出台了种类繁多的制度，但这些制度存在条款多、规定多、程序多的问题，导致不少制度在执行中出现困难。而且由于这些制度涉及多个行政部门和院系，制度之间的联动性不足，直接造成部分制度的重叠和缺项，这将导致行政部门和院系在执行制度过程中出现推诿问题。

三是部分制度与现实脱节。相关部门在制定、推进课程思政建设制度时，缺乏深入细致的调查研究，未立足本校实际，或制度执行者对制度的意见未能被及时反馈给决策者，最终导致部分课程思政建设制度与学校实际脱节。

（二）中观层面

当前，高校课程思政建设的理论研究有待深入，经验模式有待进一步总结，加之不同高校在校情、教情、学情等方面的差异性，因而难以在短时间内制定并出台一系列符合本校课程思政建设的组织领导、协调沟通、激励约束和考核评估等工作机制。而工作机制不健全、不完善，在很大程度上影响了各类专业课教师推进课程思政建设与教学实践的决心和动力。下面从组织领导机制、约束调控机制、保障评估机制等方面就高校课程思政建设体制机制存在的问题进行分析。

1. 组织领导机制不健全

组织领导机制是确立课程思政建设目标、制定课程思政建设方案、统筹安排各个部门分工协作的关键，是高校课程思政建设工作的大脑和中枢。在当今高校课程思政建设工作中，之所以出现行政部门、教学管理部门、二级院系协同较弱的问题，其根本原因在于组织领导机制不健全。

（1）课程思政建设领导小组缺位

课程思政建设领导小组是整个领导机制构建的核心和组织保障，而目前多数高校尚未成立专门的课程思政建设领导小组。这不可避免地导致课程思政建设出现权责不明、重视程度不够的问题，继而造成某些行政部门将课程思政建设看作党委、教务管理部门、二级院系的工作，认为与行政管理部门无关，或者出现部门具体机构相互推诿、人员懈怠的问题。长此以往，不可避免地出现政策制定者、管理者与被管理者、教育者与被教育者的矛盾。

（2）课程思政建设机制整体规划不足

高校课程思政建设是一项复杂的系统性工程，需要多个主体分工与协作，而分工与协作必然要求有一定的规章、制度作为依据，并进行全域性统筹规划和设计，从而形成育人合力。当前不少高校并未从战略高度将课程思政建设和实践纳入人才培养规划，对其实施、发展进行整体性规划和设计，且落实到学校有关规章制度的建设之中，从而导致课程思政建设方向不明确、质量评价标准缺位、课程思政建设主体缺乏协同等问题，使得课程思政建设难以形成齐抓共管的工作方式，使党的领导力和组织力大打折扣，课程思政建设总体目标与各个建设主体目标的配合难以形成默契，甚至出现冲突，最终造成课程思政建设系统的失衡、无序，以及整个课程思政建设系统的紊乱。

2. 激励约束机制建设较为薄弱

激励约束机制对于调动专业课教师课程思政建设积极性、主动性，规范其课程思政建设行为具有重要作用。从目前情况来看，多数高校并未将课程思政建设要求作为一项重要任务和指标纳入教师队伍建设工作，这就造成课程思政建设成为一项可有可无的、全凭教师自觉努力的"软"指标，并不具有较强的约束力，甚至可能导致部分专业课教师将课程思政建设看作一项附加性教学任务，产生抵触和排斥情绪，直接产生对课程思政建设工作开展和成效提升的负面影响。

因此，各个高校的人力资源部门应当更加重视并认识到课程思政在教师培训、考核评估以及职称晋升等事务中扮演的重要角色。为了增强专业课程涵盖思政元素的有效性，高校应建立评价和奖励机制，以此激励所有教师将思政元素融入专业课程中，进而提高专业课教师的综合育人水平。在评估教师表现时，高校应该考虑他们在课程思政教育方面的表现，并以此激励他们不断尝试创新。高校教务管理部门应优先关注相关倾斜政策，确保资源的投入，合理制定并及时执行涉及培育和示范课程的课程思政计划，并积极引入优质社会资源，提升课程思政建设质量。

3. 教学运行机制不完善

教学运行机制是推动和保障课程思政建设工作落实的重要力量，直接影响着课程思政教学实践成效。当前高校课程思政教学运行机制建设存在以下两个方面的不足：

（1）教学运行机制存在滞后性、被动性和片面性

课程思政的实施主体主要是一线专业课教师，专业课教师的育人意识和育人能力越高，课程思政的教学效果越好。但事实上，在当前高校课程思政的建设和发展中，专业教师的个人素养、团队整体实力，都无法达到课程思政的标准。导致这一困境的原因主要有两个：一是部分专业课教师个体素质还停滞在原先的知识能力范畴，仍将专业知识传授和技能培养作为专业课教学的核心目标和任务。而课程思政建设要求专业课教师调整和更新既有认知，实现专业知识、价值引导和能力培养的多元整合。二是课程思政教师团队力量单一化。当前大多数专业课教师开展课程思政教学仍处于各自为政、单打独斗的状态，基于其对课程思政本身理解的偏差，其课程思政建设不可避免地处于自发状态，因此，他们迫切需要得到思想政治理论课教师以及课程思政建设专家的指导。

当前高校课程思政教学运行机制的被动性和片面性主要体现在以下几方面：

高校在课程思政建设方面，存在领导机制和工作机制之间的协调不足问题。有一些人只能片面地依赖上级党委和行政部门的领导，而另一些人则被迫适应外部考核评估要求，这种情况都会阻碍课程思政建设的发展。并且，在这种情况下，高校二级院系的教师和一线专业课程的师资似乎没有多大的热情和积极性来推进课程中的思政建设，缺乏全面、全员、全过程参与的意识。同时，专业课程的教

师缺乏课程思政建设的动力,没有意识到课程思政建设对学生个人成长和社会发展的重要性。运行机制之所以被动,和长期以来专业课教师不重视学生思想政治教育工作,并将其归为思想政治理论课教师的职责有着密切关联。受这种认知偏差的影响,不少一线教师未将学生思想政治教育工作作为自身职责,这很容易造成课程思政建设低效化乃至无效化。

(2) 教学运行机制中的教育内容缺乏系统性和多样性

当前课程思政建设和实践缺乏吸引力、针对性的重要原因就是从教育内容到教育方法都缺乏现实性、感染力,造成学生学习获得感不强。从教育内容角度看,专业课思想政治教育元素和专业课思想政治教育资源具备隐匿化特征与零散化特征,需要教师进行系统挖掘和梳理,且实现专业课内容与思想政治教育内容的契合。目前,很多专业课教师并没有足够全面、足够深入地认识思想政治教育内容,这使得他们很难有章法地挖掘、梳理专业课当中的思想政治教育要素,更无法合理整合德育内容与智育内容。最终造成"强行"课程思政教学和拼接化课程思政教学的问题,甚至出现专业课"思政课化"的问题,即专业课教师在教学过程中生搬硬套地大讲特讲思想政治理论课的内容。

课堂教学是课程思政教学实践的主阵地、主渠道。不同于纯粹知识和技能教学的是,课程思政中的价值引领教学目标的实现更多依赖于课堂上师生、生生的互动、交流和沟通。单向度的理论讲授法,在很大程度上限制了学生进行反思与总结的主动性,且难以把握学生实际思想状况及其教育需要。由于对不少专业课教师而言,课程思政建设是一项"新工作",难以及时调整长期以来的教学习惯和教学方法,所以,他们就无法采用开放的、基于问题探究和主体讨论的课堂形式。换言之,通过课堂讨论的方式进行价值引领和精神塑造,对专业课教师提出了挑战。

4. 考核评估机制不完善

课程思政建设工作的有序推进、教学实践成效的提升均离不开相应的考核评估机制的监督、反馈和激励,因此,高校在课程思政建设过程中,应建立健全考核评估机制,明确考核评估工作的实施主体、对象、内容、手段和方法等。当前高校课程思政建设考核评估中存在的未将课程思政教学效果纳入整体教学评估指标体系、评价中重结果轻过程的问题，都与课程思政建设考核评估机制不够完善、缺乏对其全面评价和有效评价的系统化设计和规定有着密切关联。

（1）实施考核评估工作的主体不明确

课程思政建设的考核评估工作必然需要由一定的管理组织和具体工作人员来承担，否则，这项工作难以长期有序进行。就考核评估管理组织而言，它为课程思政建设评估活动正常开展和有序进行提供了组织支持的作用，主要负责分解领导机构决策，确定课程思政评估目标，确定实施评估工作的人员数量、结构组成和基本职能。就考核评估人员而言，他们是考核工作的具体落实者。

课程思政建设本身具有复杂性、重要性，且关涉意识形态，因此对承担考核评估工作的主体的素质、能力提出了较高要求，要求他们不仅要具备各门各类学科的专业知识、丰富的教学实践经验，还要具备较高的政治素质、坚定的政治立场和正确的价值观。当前多数高校并未设立专门的课程思政建设考核评估管理组织，也未确定相应的考核工作具体落实人员，这就导致课程思政建设过程与成效的考核评估缺乏整体规划和全域统筹，难以及时发现并反馈问题，在很大程度上影响了课程思政建设成效的提升。

（2）考核评估客体不全面

除构建课程考核评估的管理组织和确定负责考核评估的具体工作人员外，还应确定相应的考核评估客体，即考核评估的对象。当前高校普遍将专业课教师作为课程思政建设考核评估的对象，通过对其课堂育人能力的考察，评定其课程思政建设成效。不可否认，专业课教师是首要的考核客体，但他们绝不是唯一的评估对象。

尽管专业课教师是课程思政建设工作的具体落实者，直接关系着高校贯彻落实"立德树人"根本任务的成效，然而，事实上，课程思政建设是一项关涉多个部门、多个主体的工作，其顺利开展并取得良好效果，有赖于多个部门和主体的通力合作，而且学生是课程思政建设成效的直接反映者，因此，从整个课程思政教学实践过程角度看，课程思政建设考核评估的对象自然应包括相关高校的行政管理部门、二级院系、专业课教师和学生。考核评估对象仅仅聚焦于专业课教师的这种做法显然存在单一性问题，应在此基础上进一步丰富评估客体，以实现立体化、整体化评估。

(3) 考核评估规则和指标体系不健全

课程思政建设考核评估规则是课程思政建设评估的组织纪律保障，它是指课程思政建设评估工作的规定程序和评估人员的工作规范、任务、职责和奖惩办法等实施考核评估活动的制度或章程。无论是大规模的全校课程思政建设评估，还是某类、某些课程思政建设的专项评估，都要按照统一部署进行，制定相应的考核评估程序。当前不少高校并未制定相应的课程思政建设考核评估规则，导致考核评估工作处于随机化状态。

课程思政考核评估指标具有导向作用，它由课程思政建设与实践必须遵循的一定价值标准和目标转化而来，是评估主体开展考核评估时所依据的准则。课程思政建设目标往往是抽象的、原则性的，如培养德、智、体、美、劳全面发展的社会主义建设者和接班人。这种目标性的要求难以通过测试及分析直接进行评价和判断，这就需要评估人员将这些原则性、概括性和抽象性的评估目标逐步分解为一个个可观测和评价的分目标，使得目标具象化，从而形成课程思政建设的评估指标体系。同时，不同指标在评估指标体系中的地位和作用是不同的，因此在整个指标体系中的不同指标的权重存在差异。

当前高校课程思政建设中存在的一个重要问题就是考核评价指标体系不完善，甚至缺位。不少高校仅仅按照国家或省市制定的课程思政建设指导纲要或实施方案、要求中的抽象性、模糊性的目标来衡量和评价课程思政建设工作的开展情况及其成效，导致课程思政建设考核评估结果缺乏科学性和客观性。

(4) 考核评估方法缺乏多元性

课程思政建设评估方法是指为了达到某种课程思政建设评估目的，根据评估原则和指标体系选用的有助于评估工作开展的手段、工具。在评估工作中，既要从方法论的高度构建课程思政建设评估方法体系，又要从实践层面出发遴选多种具有可操作性的实施方法。具体评估方法包括评估信息搜集法（如随机抽样法、非随机抽样法）、评估信息获取法（如观察法、问卷法）、评估信息整理法（如信息资料审核法、信息资料分类法）、评估信息资料汇总法。

课程思政建设评估活动的复杂性决定了评估方法的多样性。当前高校在开展课程思政建设和成效考核评估的过程中，所采用的方法较为单一，往往仅通过听课观察法对专业课教师的课程思政教学成效进行评估。

5.信息交流机制构建尚不完善

高校课程思政建设成效之所以未能得到很大程度的提升，一个根本原因就是专业课教师对课程思政的理解、认知以及育人能力方面存在短板，这导致他们要么不完全认同在专业课教学中开展价值引导工作，要么不清楚如何才能有效地将思想政治教育内容融入专业课教学，因此，课程思政建设工作的顺利开展及其成效的显著提升有赖于构建相应的信息交流机制。

当前，高校正在尝试通过培训、课程思政教改课题研究推进思想政治理论课教师与专业课教师的交流，但这种跨学科的信息交流往往是临时性、随机性和零散化的，难以普遍地、有针对性地解决专业课教师在课程思政建设中的痛点，这就造成课程思政建设工作的整体推进存在很大阻力。在这种情况下，高校应统筹多个部门和二级院系搭建思想政治理论课教师与专业课教师的交流平台，强化专业课教师内部的交流沟通，并制定与之相适应的规范制度。

（三）微观层面

教师是具有最大权威来决定教育实践的设计者，是通过自身将课程的文化内容和意识形态内化、具象化的教育主体。专业课教师是决定课程思政最终能否取得成效、成效好坏的关键。作为课程思政建设的关键主体，教师的课程思政认知与育人能力将会对课程思政的建设效果产生决定性影响。目前，高校专业课教师的育人意识和能力还存在短板，有待提升，主要表现在以下两个方面：

1.专业课教师存在育人意识薄弱、偏差和缺位问题

教师个人的实践性知识中的知识是教师在长期的经验积累中生成的在个人活动中所表现出的信念、信心、有意识或下意识的活动等。下意识的思考、缄默知识及信念对教师在教学过程中的教学行为及其意识起到非常重要的作用。教师关于课程思政下意识的认知与理解、信念、信仰，对马克思主义理论知识的掌握，从根本上决定着课程思政建设成效。当前部分专业课教师对课程思政建设依然存在犹豫、排斥，甚至反对的态度，部分专业课教师仍保有狭隘的育人理念，认为

课程思政建设徒增工作量，有可能影响其正常专业课教学任务的完成。这些问题充分反映了专业课教师存在课程思政认识偏差、理念缺位问题，对其课程思政教学实践提出了现实挑战。

2.专业课教师育人能力有待提升

课程思政教学缺乏系统性、启发性和全面性。专业课教师的育人能力一方面体现了教师的课程思政认知和理念，另一方面从根本上影响着课程思政建设成效。目前，部分专业课教师受限于自身马克思主义理论水平，仍然存在专业知识、能力教学与思想政治教育"两张皮"问题，导致课程思政建设被悬空虚置，还有部分专业课教师教学能力不足，难以有效实现思想政治教育内容的融入。在具体教学实践中，专业课教师育人能力方面的问题主要体现在三个方面：

一是思想政治教育内容融入呈现碎片化、零散化，缺乏系统性。课程思政的核心任务是将思想政治教育工作融入专业教学的全过程，这就要求专业课教师通过系统挖掘课程中蕴含的思想政治教育元素，强化课程的价值引领和精神塑造，而非剥离或者越过专业课程，从外部强行嫁接思想政治教育知识以实现价值引领。当前部分专业教师在课程思政教学设计中，在没有系统化梳理专业课中蕴含的思想政治教育元素的情况下，随机地或者依靠临时性的主观发挥将一部分思想政治教育内容"植入"专业课教学，表现在具体课程运行中，即毫无逻辑地将社会主义核心价值观、中国优秀传统文化等知识无序地、机械地嫁接或"植入"专业教学。这种碎片化、零散性甚至随意性的思想政治教育元素融入，极有可能导致课程思政中价值引领缺乏系统性，造成生搬硬套和杂乱无章的局面，不利于充分发挥专业课程的育人功能。

二是课程思政教学方法具有较强的灌输性，缺乏启发性、针对性。教学方法作为教师与学生建立联系的媒介和纽带，其是否适合学生的特点和身心发展规律、是否立足于学生的需要和兴趣，在很大程度上影响着学生对课程思政教学的满意度。整体而言，当前专业课教师在课程教学方法的选择上存在单一性、机械性问题。部分专业课教师仍旧沿用专业课教学方式方法开展课程思政教学实践，却没有从所讲课程的性质、特征、课程思政侧重点出发，有针对性地采取具备创造性的教学方法对学生进行教育。在具体课程运行中表现为部分课程思政教学实践仍以课堂讲授为主，教学活动脱离学生、忽视学生主体性，弱化或消解了学生主体作用，造成课堂教学缺乏启发性和互动性，呈现较为鲜明的灌输性特征，最终导致课堂教学吸引力下降。

三是课程思政教学路径呈现单一性、片面性的特点，缺乏全面性。课程思政教学并非等同于课堂思政，而是贯穿于课前、课中、课后整个教学过程。部分专业课教师在课程思政教学实践中，仅在课堂教学中融入思想政治教育要求，而忽视课前、课后两个环节，难以实现全过程育人和全方位育人。

第三节　新时代高校课程思政建设的推进路径

一、变革理念：实现社会本位与个体本位的互构

观念的东西不外乎是移入人的头脑并在人的头脑中改造过的物质的东西而已。只有实现观念上的变革，才能从根本上为课程思政建设顶层设计和机制体制构建奠定坚实的基础。要充分发挥观念对高校课程思政建设的积极作用，就要做到教育变革、观念先行。高校课程思政建设改革创新绝不仅仅是组织机构、制度、资金保障、人员等方面的重新调整，价值观念、建设理念的更新是整个高校课程思政建设的底层逻辑。

在教育领域中存在两种不同的教育理念，以社会为中心和以个人为中心。然而，事实上，社会与个人在本质上是统一的。社会本身，即处于社会关系中的人本身，社会本身既具有"人为"的性质，也具有"为人"的性质。社会本位的教育理念与个人本位的教育理念并非绝对对立，而是在根本上相互统一的，二者是互构性关系。

就高校课程思政建设工作而言，由于其中所蕴含的隐性思想政治教育的特殊性与作用，即引导学生树立正确的价值观、培养社会主义合格建设者与接班人，高校课程思政建设应侧重"社会本位"。但在具体教育过程中，应坚持以人为本，尊重专业课教师和学生主体性、创造性和需求。因此，高校课程思政建设顶层设

计、政策、制度、内容、方法等的形成和制定，既要从国家建设和社会发展出发，也应着眼于个体发展和需求。

（一）为国家建设和社会发展服务

将为国家建设和社会发展服务作为高校课程思政建设的价值取向，是由当前国情和未来社会发展趋势所决定的。

第一，高校课程思政建设为国家建设和社会发展服务，是我国当前和未来发展的迫切需要。当前国际竞争、国家建设和社会发展，越来越取决于科学技术的现代化，取决于能够掌握、应用和发展现代科学技术的高级专门人才，这些人才不仅需要掌握相应的专业知识和技能，更要具有较高政治素养和坚定的社会主义理想信念，这是我国现代化建设的重要保障，把我国建设成为现代化的社会主义强国，并且在上层建筑领域最终战胜资产阶级的影响，就必须培养具有高度科学文化水平的劳动者，必须造就宏大的又红又专的工人阶级知识分子队伍。政治素质是非常重要的素质，它对人才科学文化素质的形成以及运用具有重要制约作用。因此，在国家建设和社会发展中，加强课程思政建设、实现知识教育与价值引领的统一，显得尤为重要。对此，习近平总书记在全国高校思想政治工作会议上指出："我国高等教育发展方向要同我国发展的现实目标和未来方向紧密联系在一起，为人民服务，为中国共产党治国理政服务，为巩固和发展中国特色社会主义制度服务，为改革开放和社会主义现代化建设服务。"[1]因此，在高校课程思政建设中，我们要将培养具有较高政治素质、坚定政治信念的人才作为根本职责，为社会主义现代化建设服务。

第二，高校课程思政建设目标应以国家建设和社会发展为出发点。高校德育目标就是培养高级专门人才适应社会主义现代化建设所需要的思想道德素质。它体现为具有坚定建设中国特色社会主义道路的政治信念和实现社会主义现代化的共同理想，具有以集体主义为准则、以为人民服务为核心的道德准则和价值取向。高校课程思政建设目标不仅要着眼于帮助学生提高思想政治素养、树立坚定的政

---

[1] 吴晶，胡浩. 习近平在全国高校思想政治工作会议上强调把思想政治工作贯穿教育教学全过程 开创我国高等教育事业发展新局面 [J]. 上海教育，2017（03）：4-5.

治信念，而且应着眼于国家建设和社会发展，即以国家建设和社会发展需要为依据。高校还要根据自身办学特色，以及国家建设和社会发展中不同层次、不同方面的需要，制定具体的建设目标，作为课程思政建设的依据。

（二）以人为本，彰显"人"的地位

尽管高校课程思政建设与实践在整体上应侧重"社会本位"，但在具体教育过程中，应做到以人为本，尊重专业课教师和学生的主体性。这是因为寓价值观引导于知识教育之中的课程思政教育实践活动是建构在"人"的基础上的实践活动，它不能脱离人而存在。在高校课程思政建设与实践过程中，无论是专业课教师开展思想政治观念和价值取向的传播与传输，还是学生价值认知的变化与价值理性的形成，均离不开学生作为主体的能动性的发挥。因此，只有坚持以人为本，充分尊重学生的主体性，激励他们主动开展和接受思想价值引导，才能使他们逐渐形成符合社会要求的价值观和行为。

1. 尊重大学生自身的特点、天赋和潜能

高校在开展课程思政建设的工作中，无论是顶层设计，还是政策、制度的制定，都需要建立在对学生充分理解的基础上，而不是教条主义地将国家、省市制定的课程思政建设文件中的要求强加给学生。应该充分尊重学生自身的特点、天赋、潜能和内心世界，而不是用成人世界的方式去改造、塑造他们。唯有如此，才能合理而积极地引导和影响学生的价值观。

（1）尊重学生的特点

目前，无论媒体还是教师，都在讨论大学生价值方面存在的问题，却忽视了一点：大学生虽然生理上已基本发育成熟，但他们的心理尚未成熟，他们是正从自然人向社会人过渡的"发展中的人"，因此，高校必须以尊重学生的特点为基本前提，把他们当作"发展中的人"看待，而不能以成人的标准，或者理想化的标准衡量他们、批评他们。

在课程思政建设中，教育者必须尊重大学生自身的特点，研究他们独特的精神生活，有的放矢地开展教育活动，而脱离甚至违背学生特点的教育活动不可避免地将遭到学生排斥、反感。整体而言，当前大学生的特点主要表现在两个方面：

一是兴趣关注呈现微观化、碎片化的趋势。深受市场经济和大众文化蓬勃发展影响的当代大学生，其自我意识普遍较强，越来越多的学生将兴趣关注的重点放在切身利益、琐碎感触之上，相对缺乏对国家、民族宏观层面上政治生活、政治秩序与政治价值导向的关注。

二是价值观呈现复杂化、多样化特征。受全球化时代多种理论思潮、社会心理的影响，当前大学生的价值取向呈现复杂化、多样化特征。

（2）尊重学生的天赋和潜能

在课程思政建设和教学过程中，教师要充分尊重学生的天赋和潜能，而非过多地干预或者强加给他们一些东西。这是因为人与生俱来就有探索创造的冲动，有与人联系、交流的欲望，有对秩序、格局的敏感，这是人性的潜能。也就是说，人天生具有适应社会既定秩序的潜能。而"尊重"意味着将大学生看作主体，相信其自我判断和决策的能力，这是大学生个体提升自己政治价值理性反思能力、评判能力、政治实践能力的关键。

需要注意的是，这里所说的"尊重"并非指"毫无作为"，而是指在尊重大学生天赋和潜能的前提下，将其引向积极的、健康的发展方向，让大学生学会判断、反思、沟通等。因此，教育者在具体教育过程中，一方面要尊重学生的天赋和潜能，另一方面要引导学生朝着良性方向发展。

2. 了解、整合学生的期待和需要

因国家所具有的成熟性和权威性，思想政治教育往往在教育体系中以压倒性优势占据主体地位，课程思政建设中学生的思想政治教育需要很容易被忽视，这将在很大程度上导致高校课程思政建设方案、政策、制度等脱离客观实际，难以发挥实际作用。人类的行动都源于他们的需要、热情、兴趣、个性和才能。需要是个体认知和行为的内在动力，高校为课程思政建设出台的政策、制度、规范等能否被学生所接受和认同，从根本上取决于其能否满足学生的需要。因此，高校在课程思政建设过程中必须了解学生的需要。

大学生的内在需要在很大程度上决定了课程思政建设的成效。如果课程思政建设与实践对学生的影响契合了学生的心理需要，那么课程思政建设与实践就会在学生的心理结构中呈现扩展的态势。如果完全忽视了学生的感受和需要，那么课程思政建设实践就难以进入学生当下的心理结构。在了解学生需要和期待的基础上，高校还应整合、引导学生的需要。不同学生所生存的自然环境和社会环境不同，其生活方式以及利益诉求也存在差异，因此，学生对于课程思政建设的期待与需要必然呈现鲜明的差异性、多样性。这就要求高校在课程思政建设工作中必须引导和整合学生需要，在不断了解学生要求的同时，培养学生的社会性、客观性和适应性。

总体而言，在教育理念方面，课程思政建设应将社会本位与个人本位统一起来，一方面应尊重学生主体性，努力满足他们对课程思政教学的需要，另一方面应兼顾国家和社会的要求。

二、强化课程思政建设与发展的整体规划

强化顶层设计的根本原因是课程思政建设是一项复杂的系统工程，它涉及其他各门各类专业课程与思政课程、第一课堂与第二课堂、学生工作等多个方面，不是某一个部门或各个学院可以独立完成的，必须由学校党委顶层设计、统筹推进，才能保证方向正确、执行有力。正如《高等学校课程思政建设指导纲要》所指出的："课程思政建设是一项系统工程，各地各高校要高度重视，加强顶层设计，全面规划，循序渐进，以点带面，不断提高教学效果。"[1]加之我国已经进入全面推进高校课程思政建设时期，各方面的任务十分繁重，亟须明确课程思政建设的优先顺序，使课程思政建设工作有序推进。这就要求高校党政领导层从战略思维和全局视野出发，通过统筹考虑，完善课程思政建设的整体思路、重点任务、关键领域和先后顺序等，全面系统、积极稳妥地推进高校课程思政建设。

在《高等学校课程思政建设指导纲要》指导下，一些省市、高校积极开展课程思政建设顶层设计工作。例如，浙江省教育厅出台《浙江省高校课程思政建设实施方案》，提出在所有高校、所有学科专业全面推进课程思政建设，5年内培育一批示范校、示范课程，并提出高校要将课程思政作为课程设置、教学大纲核准

---

[1]《高等学校课程思政建设指导纲要》发布[J]. 中国电力教育，2020（06）：6.

和教案评价的重要内容。[①] 湖南省完善各级领导体制、建立各级责任体系、健全各级检查制度，一体化构建领导坚强、责任清晰、保障有力的高校"三全育人"综合改革领导体制和管理机制。南京大学非常重视顶层设计，并通过多种路径全方位构建课程思政新格局：一是落实主体责任。成立课程思政工作领导小组，建立院系党委书记、院长带头抓课程思政机制。二是优化组织机构。以"熔炉工程"为引领，聚合思政教育职能，整合育人资源，构建"三全育人"新格局。成立本科生院，将多部门分散式的管理方式转变为高效率综合式的育人模式。成立新生学院，全面试行书院制管理模式，为创新推进课程思政建设提供强有力的组织保障。三是融入总体规划。将课程思政纳入学校新时代人才培养新体系，融入新版本科人才培养方案。在借鉴已有研究成果和实践成果的基础上，笔者认为高校课程思政建设顶层设计应从以下几个方面入手：

（一）准确定位课程思政建设的目标

课程思政建设目标在整个高校课程思政建设生态系统中具有关键性地位，直接影响着党政各部门的分工协作、奖惩机制、评价机制的构建，并从根本上制约着课程思想建设成效。目前我国对高校课程思政的标准制定和指导还在探索中，由此造成一些专业课教师对专业课程的思想政治教育目标的制定不明确、不具体的问题，这必然在一定程度上制约课程思政教学内容的梳理、教学方法的选用，继而从根本上影响教学效果。高校可以从以下几个路径入手，准确定位课程思政建设目标：

1. 坚持教育的政治立场是课程思政建设的首要价值目标

站在新时代的历史坐标点上，提高课程育人的政治站位，是全面推进课程思政建设的首要价值目标。"我国高等教育发展方向要同我国发展的现实目标和未来方向紧密联系在一起，为人民服务，为中国共产党治国理政服务，为巩固和发展中国特色社会主义制度服务，为改革开放和社会主义现代化建设服务"[②]，这"四个服务"为我国高等教育人才培养指明了方向，是对当下和未来高校人才培

[①] 蒋亦丰. 浙江高校全面推进课程思政 五年内培育一批示范校、示范课程[N]. 中国教育报，2020-12-24（1）.

[②] 努力办好中国特色社会主义高校[N]. 浙江日报，2017-02-23（004）.

养目标的新定位。

高校在全面推进课程思政建设的工作中，要坚持"立德树人"理念，把知识传授、技能培养与价值引领融为一体，引导学生树立对马克思主义的信仰、对中国特色社会主义的信念、对中华民族伟大复兴中国梦的信心，以此从政治高度巩固社会主义办学方向，为国家培养德、智、体、美、劳全面发展的合格建设者和接班人，培养担当民族复兴大任的时代新人。

2. 拓展课程的思想深度是课程思政建设的核心价值目标

人才是实现民族振兴、赢得国际竞争主动权的战略资源，高水平人才培养体系建设的核心就是要抓住培养什么样的人、如何培养人以及为谁培养人等，这些根本性问题。全面推进课程思政建设就是从挖掘各门课程本身所具有的思想政治教育资源入手，通过开展教育教学活动，帮助学生成为有思想深度的人才。关于拓展和培养学生的思想深度，可以从两个方面来认识：

（1）课程知识体系与课程思政的相互支撑

尽管课程所蕴含的思想价值观念元素融入各门课程的方式存在差异，但其共同目标是超越人才培养的实用主义、功利主义，通过深度挖掘课程的育人功能，帮助学生掌握专业知识和技能的同时，树立正确的价值观，形成科学的方法论与思维方式，以思想的深度做好知识与价值的协调，站稳家国立场。

（2）课程思政建设与学生思想价值需求的对接

课程思政的实施还需深入研究学生的思想特点、认知特点、需求与期待，认识当下学生对个体独立自由、"小确幸"的追求，以及由此给"价值认同教育"带来的挑战，通过在各门课程之间建设价值同向知识链，使面向学生思想价值观念的引导在思政课程与课程思政之间实现无缝对接，确保培养的人才在具备完整的知识体系的同时，还具备坚定的政治立场、浓厚的家国情怀和勇于创新的精神。

3. 分级设置课程思政教学实践目标

一切教学活动均以一定的教学目标为导向，且始终围绕实现教学目标而进行。教学目标分为三个层次：课堂教学目标、课程目标、教育成材目标。这就要求高校教务部门、专业负责人、课程负责人按照学校性质、课程特点，遵循教学规律，共建环环相扣的多级课程思政目标,即:学校课程思政建设总目标→学科课程的思想政治教育目标→专业课程的思想政治教育目标→课堂的思想政治教学目标。

专业课程思政目标既要服务于学校大的课程思政建设目标的实现,又要正确指导具体的课堂教学小思政目标的设计。就专业课教师而言,在具体的课程思政目标定位过程中,不应局限于学生专业知识和能力的提高,还应将学生价值理性的形成,情感、态度的变化,以及行为的改变纳入其中。

(二)制定课程思政建设发展规划方案

制定学校课程思政建设中长期发展规划,规划既要符合课程思政建设和各个学科发展的要求,又要与学校人才培养目标保持一致。高校应从育人本质要求和国家意识形态战略高度出发,对课程思政建设与发展作出整体规划,提出具体目标任务,制定相应指标要求和实施步骤。课程思政建设发展规划应主要包括以下内容:

1. 课程思政建设的目标

建设目标是学校课程思政建设的根本指针,因此,课程思政建设要有明确的目标导向。高校在确定其课程思政建设总目标时,应根据其办学特色、人才培养目标,按照国家课程思政建设的基本要求进行精准定位,力戒照搬照抄、本本主义和一刀切。例如,师范类院校的课程思政建设应以培养"学高为师,身正为范"的"四有"好教师为总体目标;[①]工科类院校的课程思政建设应以培养学生精益求精的大国工匠精神,激发学生科技报国的家国情怀和使命担当为总体目标;医学类院校应以培养学生敬佑生命、救死扶伤、甘于奉献、大爱无疆的医者精神为总体目标;艺术类院校应以引导学生自觉传承和弘扬中华优秀传统文化、全面提高学生的审美和人文素养、增强文化自信为总体目标。

在此基础上,高校还应要求各二级院系根据学校人才培养总体目标,根据各个学科、各个专业自身的性质和特点"因课制宜"地确立各门课程思政建设目标。不仅如此,高校还应就课程思政建设成效及其评价标准、优质课程思政比例等方面进行系统化设计。

---

① 金鸿儒. 大师修养课[M]. 北京:中国商业出版社, 2016.

2. 课程思政建设的思路与步骤

建设思路涉及课程思政该怎样启动建设与实施工作、通过怎样的路径与方法、需要调动哪些方面的资源等方面。建设步骤是在建设思路指导下对课程思政建设工作进行任务分解、确定建设的先后顺序。

课程思政建设思路方面的主要内容包括建构与其相关的部门的协同机制，教学管理、科研等方面的资源配置，以及要达到的效果。例如，通过强化专业课院系与马克思主义学院的沟通，建立团队协作机制，从而建构一流课程思政教学示范课程。

课程思政建设步骤可以根据学校具体情况，进行周期性、阶段性规划，确定每个周期、每个阶段的具体工作和任务，以及具体负责单位和负责人。

3. 课程思政建设的具体内容

课程思政建设的内容是指需要做哪些工作。一般而言，课程思政建设的具体内容主要包括如下几个方面：

（1）师资队伍建设

课程思政强调所有的教师都有育人职责，强调团队合作，需要整合思想政治理论课教师、专业课教师、学生辅导员和班主任队伍，组建多学科背景互相支撑、良性互动的顶尖师资课程教学团队，将思想政治教育工作贯穿教育教学全过程，坚持知识传授和价值引领的统一，实现全员育人、全方位育人、全过程育人。办好思想政治理论课，关键在发挥教师的积极性、主动性、创造性。教师要给学生心灵埋下真善美的种子，引导学生扣好人生第一粒扣子。为此，我们要着力提升教师育人意识与能力，加强教师队伍建设，使教师做到教书和育人的高度统一。实施课程思政，就是要求所有任课教师不仅要在思想认识上形成全员育人的共识，也要在专业发展上具备有效育人的能力，将育人要求和价值观教育内容融入专业教师的教学体系。

教师是推进课程思政建设的关键因素，课程思政的工作效果直接取决于教师的育德意识和育德能力。为此，教师必须自觉树立牢固的育德意识，具备过硬的德育领导力，扭转重传授知识与能力、轻价值传播与引领的倾向。

一方面，要始终坚持以马克思主义理论为指导，深入推进课程思政建设工作。

课程思政离开了马克思主义理论的指导，就是无源之水。坚持以马克思主义学科为引领，构建哲学社会科学学科和其他学科协同一致、合力育人的思想政治工作格局，使学校各方力量、各种资源、各类课程都能发挥育人功能，实现协同效应。课程思政是将马克思主义理论贯穿教育教学和科学研究全过程，深入挖掘各类学科的思想政治理论教育资源，从战略高度构建"三位一体"的思想政治教育课程体系，促使各专业的教育教学，各专业任课教师都乐于、善于运用马克思主义立场、观点和方法，探索实践各类课程与思想政治理论课同向同行，形成协同效应。各学科教师在课程教学中要始终坚持以马克思主义理论为指导，努力发挥马克思主义理论对学科课程的牵引和带动作用，引导教师围绕马克思主义理论学科的创新和发展、马克思主义及其中国化的最新理论成果进行学科交叉的课题研究，并把科研成果转化为教学内容。

另一方面，要消除部分教师对课程思政的误解，帮助教师明确思想政治教育与专业课之间的关系。要通过多种途径，帮助专业课教师明确课程思政对于专业课的知识、能力、情感态度价值观教育一体化的作用，帮助其加深对课程育人要求和价值的理解，明确课程思政对学生科学思维训练、人文素养提升和价值观塑造的重要性。要让专业课教师认识到思想政治教育不仅不会干扰专业课自身的教学活动，减弱教学效果，相反，还会提升教学的思想性、人文性，深化教学的内涵，提升教学的效能。最终的目标是要让专业课教师形成一种思想观念，那就是不能只做传授书本知识的教书匠，而应坚持教书和育人相统一，成为塑造学生品格、品行、品位的"大先生"，要把知识传授、能力培养、思想引领教育融入每一门课程的教学之中，在每一门课程中体现育人的功能。

课程思政的建设实施最终仍需要落实到教学主课堂上，教师队伍的建设尤为关键。从现状来看，专业课教师对于课程思政教学目标的实施仍存在专业课教师思想政治教育意识和能力的欠缺，为提高课程思政教学质量带来了挑战。如何提升专业课教师对思想政治教育内容的胜任善教，是课程思政推进中的重大课题。

只有推动专业课教师对课程思政工作的胜任善教，才能真正提升课程思政的育人能力。为此，我们要注重开展对包括专业课教师在内的全体教师的日常培训，将育德意识与能力建设全方位落实到各个相关环节，在新进教师岗前培训、教学督导随堂听课、教学技能竞赛、日常政治学习、研修培训等方面强化"传道"意识、提升"传道"能力，引导广大教师担负起育人责任。每门课的授课教师不仅要传授好书本知识，也要注重塑造学生的品格理想，成为学生健康成长的指导者和引路人。

总体来说，专业课教师对课程思政工作的胜任善教要体现在三个方面：第一，是对思想政治教育体系要具备系统的运用能力。要通过常态化培训、伙伴式学习，帮助教师掌握思想政治教育的内容体系，理解基本内涵与逻辑，使其在提升思想政治素养的同时，逐步具备思想政治教育基本能力与素养，这是专业课教师抓好课程思政的前提和基础。第二，是对思想政治教育的特征、规律和话语的掌握能力。思想政治教育有其特定的要求和规范，也有其特定的话语系统。相较于生动性、人文性因素而言，思想政治教育活动也有其严肃性。掌握思想政治教育的基本规范和基本要求，帮助教师以合适的方法开展思想政治教育，是推动专业课教师抓好课程思政的重要手段。第三，是教学设计能力。专业课教师要想抓好课程思政工作，必须在教学设计能力的提升上下功夫，具体包括研究学生的能力、课程与教材设计开发能力、课程思政的教学与管理能力、课程思政的评价能力以及反思与发展能力等。总之，这方面的建设内容设置的根本目的是通过多渠道、多路径的培训和学习增强专业课教师的育人意识和育人能力。

（2）课程思政建设工作机制体制构建

课程思政建设工作机制体制构建主要指在切实加强对课程思政建设的领导的基础上，结合实际研究制定各地、各高校课程思政建设工作机制。

（3）课程思政建设工作格局构建

课程思政建设工作格局构建的主要内容是建立党委统一领导，党政各部门齐抓共管、联动推进的建设工作格局，确定各个部门的职责分工以及协作的方式。

4.课程思政建设的条件保障

条件保障是课程思政建设得以顺利开展并不断有效运行的基础。一般而言，高校课程思政建设的条件保障应该包括以下两个部分：

（1）经费支持

这方面主要是要加大对课程思政理论研究和教学实践探索方面的经费投入，

鼓励教师积极开展课程思政建设方面的教学研究工作，以进一步加强和改进课程思政建设成效。例如，高校教务部门可以设置专门的课程思政研究课题和课程思政示范课程。

（2）政策支持

这方面就是要将教师在课程思政建设工作中的投入和成效纳入各种考核评价标准，以增强教师进行课程思政教学和课程思政建设创新的积极性、主动性和创造性。

三、完善课程思政育人内外部机制体制

如何推进课程思政建设工作有序、有效开展，是当前高校面临的一个重要问题，而机制体制建设是促进课程思政教学工作顺利开展并取得良好成效的关键和保障。领导制度、组织制度问题更带有根本性、全局性、稳定性和长期性。从系统论角度看，高校课程思政建设机制的构成要素主要包括三个方面：

一是课程思政建设主体。它是指课程思政建设动力的载体或者实施者，是存在于高校课程思政建设中的利益主体。广义的高校课程思政建设主体包括学校管理者，教学行政、科研和督导系统，教师、学生、社区，等等。

二是课程思政建设动力。它是指推动高校课程思政建设发生、发展的力量，也就是影响高校课程思政建设的各种因素或因素的集合，对于高校课程思政建设工作的落实施加作用并使之改变。课程思政建设动力包括课程思政建设的传导，即将课程思政建设的政策、方案、制度等转化成课程思政建设成果的中介指标；课程思政建设的协调，即为各种课程思政建设主体的利益协调提供条件和保障的制度、政策；课程思政建设的支持，即教育行政、科研和督导系统，中介机构、社区、资金，课程思政建设指导方针、目标、战略步骤，良好的高校课程思政建设环境。

三是课程思政建设对象。它是高校课程思政建设过程中的一切建设客体的统称，包括三类：课程思政建设的人的对象，即课程思政建设过程中建设主体的角色转变或者思想观念转变问题；课程思政建设的关系对象，一般表现为人与人的

关系问题，通常情况下是指高校课程思政建设过程中根据建设的需要来调整人与人的关系；课程思政建设的物的变革，课程思政建设对象可以是一种具体的制度或者体制，如课程思政教学评价制度或教研制度，也可以是一种关系，如师生关系或者高校课程思政建设过程中关涉的各种人与物的关系。

高校课程思政建设机制是指构成高校课程思政建设系统中核心要素及其相互关系的工作原理。高校要形成加强课程思政建设的制度和体制机制导向，推动课程思政教学实践快速发展。

（一）构建上下联动的领导协作机制

《高等学校课程思政建设指导纲要》明确规定："各高校要建立党委统一领导、党政齐抓共管、教务部门牵头抓总、相关部门联动、院系落实推进、自身特色鲜明的课程思政建设工作格局。"[①] 要落实与推进课程思政建设工作，必须建立上下联动的领导协作机制。

1. 成立课程思政建设工作领导小组

课程思政建设工作领导小组是开展顶层设计和推动课程思政建设与实施的关键主体。高校应成立由党委书记任组长，分管教学工作的校领导牵头负责，思想政治理论课教学部门、各二级学院，宣传、人事、财务、教学、科研、学生管理等机构分工负责，并协同推进的课程思政建设工作领导小组。如北京航空航天大学党委成立学校思政课程与课程思政建设工作小组。党委书记和校长亲自担任组长，主管教学的副校长和主管思政工作的副书记担任副组长，各部处和院系负责人为成员，小组定期开会制订课程思政各阶段工作细则。思政课教师与专业课教师集体备课，研讨教学内容改革。

（1）学校党委是高校课程思政建设工作的"指挥中心"

高校党委在思想政治工作中具有提纲挈领的作用。习近平总书记在全国教育工作大会上指出："加强党对教育工作的全面领导，是办好教育的根本保证……各级各类学校党组织要把党建工作作为办学治校的重要工作……把党的教育方针全面贯彻到学校工作各方面……思想政治工作是学校各项工作的生命线，各级党委、

[①]《高等学校课程思政建设指导纲要》发布[J]. 中国电力教育，2020（06）：6.

各级教育主管部门、学校党组织都必须紧紧抓在手上。"① 作为高校思想政治工作的重要组成部分的课程思政建设，要充分发挥党委的政治核心作用。

高校党委高度重视、统筹规划、调动各方，全盘考虑课程思政建设的管理机制、运行机制、考评机制等的顶层设计。学校党委要扎实落实"立德树人"任务，明确课程思政建设目标，将课程思政建设纳入重要议事日程，实时诊断、研判课程思政建设中存在的突出问题，在工作任务部署、队伍建设、条件保障等方面采取有效措施。

高校党委书记要落实课程思政建设第一责任人的责任，校长要切实负起政治责任和领导责任。党委书记和校长定期到学院听取课程思政建设工作汇报，解决实际存在的问题。分管教学、科研等工作的校领导要主动研究课程思政建设工作，对学院课程思政建设进行指导。

（2）建立校党委统一领导、党政各部门齐抓共管的工作格局

高校应构建校党委统一领导下，党政各部门如宣传部、人事处、教务处、学工部等积极参与的工作格局，形成各个院系、各门课程努力开展课程思政教学探索，教师认真开展课程思政教学，学生积极学习专业课程的良好氛围。这就要求高校党政领导担起主体责任，亲自指导课程思政建设。学校教务管理部门要主动建设课程思政管理机制、教学运行机制和监督反馈机制，避免课程思政教学实践浮于表面。人事部门要建设奖惩机制，对于积极主动开展课程思政建设，并且做出一定成绩的专业课教师给予相应的奖励，从而驱动专业课教师投身课程思政建设工作。

（3）充分发挥思政课教师的积极作用

加强思想政治理论课教学部门课程建设、学科建设、师资队伍建设，充分发挥其在课程思政建设中的积极作用，为专业课课程思政建设提供坚实的理论支撑、学术支撑、队伍支撑。

（4）强化承担专业课教学工作的二级学院党的领导

在课程思政建设中要紧紧抓住教师队伍主力军、课程建设主战场、课堂教学主渠道，让所有高校、所有教师、所有课程都承担好育人责任，守好一段渠、种

---

① 习近平.《论坚持党对一切工作的领导》[J]. 马克思主义与现实，2019（06）：206.

好责任田。进一步落实学院党委（党总支）课程思政核心组织领导责任，保证党和国家以及学校制定的课程思政建设政策的贯彻执行。加大承担专业课教学工作的二级学院的参与力度。根据不同院系、不同课程的性质、特点，积极发挥专业课的隐性思想政治教育功能和优势，大力增强专业课教师思政育人意识和能力，将教书与育人合而为一。

2. 创建领导小组内各部门协同育人机制

课堂思政和思政课程同向并行是为实现全程育人、全员育人、全方位育人而存在的，并不仅仅是为了实现在课堂中进行思想政治的教学。因此要构建育人共同体，主要的方法是把专业课老师、思政课老师、辅导员，以及相关部门的人员组织在一起，创建一个能够互助互补、将优势最大化的育人共同体。育人共同体中的每个部分都要承担各自的职能，从而实现育人的目标。例如，专业课老师主要是负责实现思想政治教育的渗入效果；思政课老师主要是负责对学生的世界观、人生观和价值观进行指引；辅导员主要是负责对学生定期进行相应的心理辅导和成长、成才关怀；相关部门主要是确保以思政课程为核心的同向同行运行机制可以顺利地运行，帮助打造思想政治教育共同体，最终构建协同育人工作机制。

专业课程老师要和思想政治理论课老师达成一致，形成合作关系。无论是专业课课程思政，还是思想政治理论课，都属于大学生思想政治教育中不可或缺的组成部分，这两者之间本来就是互相合作和互相补充的关系。两者之间的合作一方面能够推动专业课课程思政的发展，另一方面还能够促进思想政治理论机制的重新创立和创新。而且，这两者的合作还能够促进学校教学材料的研发、专业性课程思政专项材料的研发、思想政治教育实际工作平台系统的研发等。要按照教学工作的状况，形成互相联动及合作的关系。思想政治理论课程及专业课老师都应以教学方案规划、教学行动实践措施等为基础开展合作，推动专业课课程思政教学的深层次发展，增加思想政治教育形态体系的具体内容。在教学结束后进行的合作反省思考，有利于两者完善后期教学计划，改善课程机制和具体内容。根据老师的专业学识素养，形成互动合作的状态。两者之间所形成的互动合作形态，在思想政治理论老师看来，可以加强科学文化内涵、拓宽知识范畴、优化知识逻辑，有利于教学计划的进行。在专业课程中融入思想政治教育，然可以增加知识储备经验以及思想政治理论课老师的道德水准。从专业课程老师的角度来看，伙伴性质的合作方式一方面可以加强他们的思想道德政治水准，另一方面还可以补足他们的教学规划机制，改善教学水准形态。

课程思政建设工作需要在党委的统一领导下，由多个部门协同推进，才能有序开展，并取得一定成效。课程思政建设领导小组各部门应如何协作，实现同频共振？这就需要构建二者之间的协同育人机制。

作为落实高校"立德树人"根本任务第一责任者的党委，要通过制定相应的课程思政建设政策、制度等引导、激励、规范和调控课程思政建设工作的开展与运行。一方面，通过规划课程思政建设蓝图，搭建多主体协作桥梁，积极发挥正面引导作用，联动党政部门、二级院系等各方面力量，引领和指导各主体全面落实和推进课程思政建设与教学实践，全面构建体现新时代特征的高校课程思政建设体系；另一方面，通过发挥宏观层面的制度与机制的调控作用，及时调整各主体目标和行为，促使各主体、各因子发挥其相互作用且形成共同体效应，以有力推动课程思政建设工作，构筑课程思政建设宏观上和谐的生态关系。

在学校党委发挥好主导作用的基础上，党政各部门，如教务处、宣传部、人事处、科研处各二级教学单位等，主体要主动加强多元协同，充分发挥各方在课程思政建设中的积极作用，与顶层设计相互呼应、助力、协作，共同营造有利于推进高校课程思政建设的良好氛围，产生更大的集成推动效应。

马克思主义学院应充分发挥思想政治教育资源富集优势，积极调动思政课教师力量，加强与专业课院系及其教师的合作，一方面开放思想政治教育资源，帮助专业课教师温习、巩固马克思主义基本理论；另一方面主动介入课程思政专业和人才培养，提供课程思政建设的学科支撑与理论资源支撑。在这个过程中，可以探索由马克思主义学院牵头成立的课程思政交流协作机制，面向不同专业课教师需求，提供思政教育资源，促进思政课与课程思政融合发展。通过加强马克思主义学院和其他院系的相互支持、相互促进，帮助专业课教师深入了解课程思政的基本要求，提升育人能力。

作为落实和创新学校课程思政建设机制的各院系，应在校党委、院党委（党总支）指导下发挥好课程思政教学实践的主导作用。各专业课院系要结合专业人才培养目标，"因课制宜"地落实课程思政建设工作，结合自身在专业建设发展过程中形成的专业优势和专业特色，充分利用思想政治理论课教学部门的教师资源、课程资源，有步骤、有体系地科学设计和架构课程思政教学体系，全面提升学生思想政治素养，引导学生树立正确的价值观、掌握科学的思维方法。

鼓励教师自由探索，在增强课程育人意识的基础上，把课程思政建设融入人才培养、教育教学、科研全过程。专业课教师是课程思政建设工作的具体落实者，在整个课程思政建设生态框架中发挥着基础和终身的作用。除了通过课堂教学开展课程思政建设，教师的言传身教也具有强大的感染力，能潜移默化地帮助学生树立正确的价值观。要鼓励一线专业课教师积极开展与其他相关课程教师、思政课教师的协作，积极配合学校课程思政建设工作，建构课程思政教学实践的完整闭环。

（二）创建多学科互利共享的交流机制与平台

长期以来的学科壁垒使得知识的边界十分清晰，最终导致各个学科的教师都成了"井底之蛙"和摸象的盲人，对事物产生了片面、局部的认知。蔡元培在《北京大学月刊》发刊词中写道："治文学者，恒蔑视科学，而不知近世文学，全以科学为基础……治自然科学者，局守一门，而不稍涉哲学，而不知哲学即科学之归宿，其中如自然哲学一部，尤为科学家需要；治哲学者，以能读懂古书为足用，不耐烦于科学之实验，而不知哲学之基础不外科学，即最超然之玄学，亦不能与科学全无关。"[①] 尽管各个学科有着明确的研究对象且彼此分别，但学科之间存在密切的关联，因此，不同学科、专业课的教师有必要开展跨学科交流共享活动，以扩展自身认知边界，了解和掌握不同课程的交叉性与渗透性，继而提升育人实效。不仅如此，教师作为高校课程思政建设工作的关键主体，其"实践性知识"，即教师个人活动中所表现出的信念、信心、有意识或下意识的活动等，是以个人经验为基础的，因此，为提升教师的"实践性知识"，仅仅进行相互的知识交流是不够的，必须保障个人实践经验交流与共享的机会。那么，如何打破学科壁垒，推进教师的跨学科学习和实践经验交流与共享，就是高校课程思政建设

---

① 蔡元培. 发刊词 [J]. 北京大学月刊，1919（1）：1.

中面临的一项难题。

创新多学科互利共享的交流机制与平台是最重要的路径与解决方法。当前，不少省市和高校正在积极构建思想政治理论课教师与专业课教师"育人共同体"，并建设合作备课平台和机制。如江苏省于 2020 年通过民政部门，正式注册成立江苏省高等学校教学管理研究会课程思政建设工作委员会，搭建了课程思政层面的研究、咨询和学术专业交流机构，组织河海大学等十余所高校成立联合攻关小组，共同开展重大专项研究，通过理论创新指导课程思政建设实践。河北大学组建了课程思政教学共建团队，形成课程思政专门化结对制度和常态化运行机制，由马克思主义学院思政课教师做专业课共建人，指导和帮助专业课教师深挖课程中蕴含的思政元素，日常开展思政讲堂、交流研讨、主题实践等活动。

1. 创设跨学科交流互动机制

学校教务主管部门、教师发展中心等部门要为不同学科，尤其是专业类学科与马克思主义理论学科的交流互动创设平台，并鼓励以跨学科研讨会、专题研讨会、集体备课会、合作撰写论文和申报课题等多种形式的合作，增强专业课教师与思政课教师的交流、对话，促使专业课教师在交流协作中不断深化对思想政治教育的认识、对马克思主义理论的理解，从而为系统性挖掘、整理、构建所讲授学科的课程思政内容奠定坚实的基础。

（1）举办常态化跨学科集体备课会

跨学科集体备课会是不同学科教师展开交流的重要形式，因此，学校可以有针对性地组织不同形式的常规性跨学科集体备课会。集体备课会交流的主要内容包括：按照教育部和学校课程思政建设要求和实施方案，在研究学生思想政治状况、需求和期待的基础上，根据不同课程的性质、特点，调整或修订专业课程教学大纲，深度挖掘课程所蕴含的思想政治教育资源，及时更新和优化教学内容，讨论有效教学法，为进一步加强和改进课程思政教学质量出谋划策。

集体备课会的形式主要包括以下几种：一是组织某一类专业课程的授课教师与思政课教师共同参与备课会。对于专业课程而言，尽管彼此存在差异，但也存在共性，因此可以组织某一类专业课程与思政课教师的集体备课会，在交流讨论中准确定位该类课程的思政教学目标、教学内容等。二是组织某一门专业课程与思政课教师共同参与备课会。在这种"一对一"的集体备课会中，通过教师之间的深度交流，分享并挖掘不同具体课程所蕴含的思想政治教育资源，研究符合学生实际的有效教法。三是组织同类专业课程群内部的跨学科集体备课会。课程群内部的集体备课会能够帮助教师在课程思政建设工作中达成共识、互相学习、取长补短，同时也能够避免同类课程思政资源重复的问题。

集体备课会频率与次数由院系进行系统规划，可以采用线上、线下两种路径，以主题研讨、案例分析等多种形式，围绕教学计划、参考案例、教学经验、课件制作、课程设计、教学难点和新问题等多个方面进行充分交流、经验共享，积极总结课程思政教学规律，对于课程思政的建设具有极为重要的作用。

（2）组织跨学科听课学习活动

学校要鼓励和组织教师互相听课，促进教师互学互鉴。跨学科听课学习活动可以分为如下几种形式：

一是专业课教师根据自身兴趣、课程性质和特点参与思想政治理论课课堂学习。通过听课，专业课教师能够进一步巩固自身思想政治理论素养和对相关知识点的认识和理解，进而通过反思进一步挖掘所讲授课程中蕴含的思想政治教育资源，并对其课程思政建设进行整体性构建，使思政育人知识体系更具系统性、科学性，从而优化课程思政育人成效。

二是专业课教师参与同类专业课程听课学习。课程思政建设过程中要求专业课教师协同育人，在互相听课学习中，吸取经验和借鉴好的做法，避免同类专业课出现思政资源重复的问题。

三是思政课教师参与专业课听课学习。课程思政建设过程中思政课教师参与专业课课堂教学听课学习，一方面能够帮助专业课教师进一步了解相关专业知识，将思政课教学内容与专业课程内容进一步融合，化解"两张皮"问题，增强思政课教学现实针对性，提升专业学生的学习获得感；另一方面能够帮助专业课教师丰富课程中的思政教育资源，并通过与专业课教师的交流沟通提高专业知识与思政内容的契合度，达到润物无声的效果。

（3）设立课程思政教学研究课题

课程思政教学不仅仅应在教学实践中深入探索，而且要开展教学研究，通过教学研究总结实践经验与规律，并在分析存在的问题的基础上探索改进举措，继而以理论研究指导、推进课程思政教学实践活动，在教学实践中验证理论，最终形成课程思政教学理论研究与教学实践探索的良性互动。学校在设置课程思政教学研究课题时，应要求参与成员涵盖专业课教师和思政课教师，以推进不同学科的交流互动。课程思政教学研究课题可以包括两种类型：

①专业课课程思政实践探索基础上的教学研究

设置这类课题的主要目的是总结课程思政实践中的成绩与不足，在反思中优化课程思政教学组织设计。此外，这类课题研究还有助于归纳课程思政建设中具有普遍性的规律，以帮助其他专业课课程思政建设。

②课程思政建设机制、实践路径等方面的基础理论研究

这类课题研究侧重于研究课程思政建设实践中具有一般性和普遍性的基础问题，如对课程思政认识的偏差或误区、课程思政资源库、课程思政建设机制、课程思政价值与作用的研究。

2. 分类创建课程思政教学资源库

教学资源库是实现优质课程思政教学材料互利共享的重要平台，不仅对于教师课程思政建设具有榜样示范作用，而且能够帮助教师互学互鉴，提高增强课程思政育人意识、提升课程思政育人能力。课程思政教学资源库建设应由教务处牵头，各二级学院积极参与，共建共享，从而实现优质资源的传导与扩展，最大限度发挥示范效应。

《高等学校课程思政建设指导纲要》要求在课程思政建设中"尊重教育教学规律和人才培养规律，适应不同高校、不同专业、不同课程的特点，强化分类指导，确定统一性和差异性要求"[①]。因此，高校应根据不同专业、课程特点，分门别类地建立课程思政教学资源库。学校可以按照课程类型建立公共基础课程、专业类课程、实践类课程思政教学资源库，涵盖精彩教案、精彩课件、精彩课程、思想政治教育资源等。

---

① 中华人民共和国教育部. 教育部关于印发《高等学校课程思政建设指导纲要》的通知 [R/OL].（2020-6-1）[2023-5-30].http://www.moe.gov.cn/srcsite/A08/s7056/202006/t20200603_462437.html?eqid=9958fac8005ce47d00000003645ee47e.

（1）分类构建精彩教案、精彩课件、精彩课程资源库

高校课程思政要融入课堂教学建设，作为课程设置、教学大纲核准和教案评价的重要内容，落实到课程目标设计、教学大纲修订、教材编审选用、教案课件编写各方面，贯穿于课堂授课、教学研讨、实验实训、作业论文各环节。

课程思政要落实到课堂教学全过程，而教案、课件、课程是教师课程思政教学组织设计的直观反映，因此，构建优秀教案、课件、课程资源库能够帮助教师快速了解课程思政实施策略，掌握课程思政的教学方法。应由教务处牵头组织专家、教师、学生等根据课程性质、特点分门别类地建设优秀课程思政教案、课件、课程资源库。高校在优质课程思政教学资源库建设中，应从以下几个方面着手：

一是明确评选标准，确保优秀课程思政教学资源能够集中体现课程思政建设的根本宗旨和具体要求，具有示范辐射作用。

二是组建评选小组，成立由教学督导组成员、课程思政教学名师、学生共同参与的评选小组，以确保选拔出来的优质课程思政教学资源具有代表性。

三是通过开展优秀教学成果评选活动、课程思政教学设计比赛等方式遴选优质资源。教务处可以通过定期开展优秀教学成果评选活动和课程思政教学设计比赛，将课程思政教学质量和水平作为首要评价标准，一方面以赛促教、以赛促改，以优带劣、以强带弱，促使教师将主要精力放在研究课程思政教学内容、创新教学方法、提升课程思政教学实效上；另一方面在评选比赛中遴选出优质课程思政案例和资源。

（2）分类创建课程所蕴含的思想政治教育资源库

就公共基础课而言，要深入挖掘其中蕴含的爱国精神、科学精神、宪法法治意识、国家安全意识、奋斗精神、思想品德元素。

就体育、美育类课而言，要挖掘和总结其中蕴含的增强体质、健全人格、锤炼意志、提升审美素养、陶冶情操、温润心灵、激发创造创新活力等思想政治教育资源。

就专业课课程思政资源库建设而言，要根据不同学科专业的特色和优势，从课程所涉专业、行业、国家、国际、文化、历史等视角出发，深度挖掘、提炼专业知识体系中所蕴含的思想价值和精神内涵，如文学、历史学、哲学类专业课程

中的社会主义核心价值观、中华优秀传统文化、革命文化、社会主义先进文化；理学、工学类专业课程中的科学精神，认识问题、分析问题和解决问题的能力，探索未知、追求真理、勇攀科学高峰的责任感和使命感，精益求精的大国工匠精神，科技报国的家国情怀和使命担当；医学类课程中的敬佑生命、救死扶伤、甘于奉献、大爱无疆的医者精神，把人民群众生命安全和身体健康放在首位的理念，依法应对重大突发公共卫生事件的能力等。

就实践类课程而言，要根据课程类型分类挖掘思想政治教育资源。对于专业实验实践课程，要注重挖掘其中蕴含的学思结合、知行统一、勇于探索的创新精神及善于解决问题的实践能力；对于创新创业教育类课程，要挖掘其中的创新精神、创造意识和创业能力；对于社会实践类课程，要总结其中的劳动精神、艰苦奋斗精神。

（三）建立奖惩分明的激励约束机制

奖惩分明的激励约束机制是专业课教师开展课程思政建设的内驱力，也是开展课程思政建设工作的实践指引。高校在激励约束机制建设中，可以从以下几个方面入手：

1. 将课程思政建设要求纳入专业课教师人才引进制度

教师是课程思政建设的"主力军"，提升专业课教师潜心从教和育人育德的能力，要把好教师的"入口关"，在引进和选拔教师时严格要求，把好政治关、师德关、业务关。

（1）着重考察教师的思想政治品格

高校教师要努力成为先进思想文化的传播者、党执政的坚定支持者，更好担起学生健康成长指导者和引路人的责任。教师的基本思想政治素养，包括政治信仰等，在很大程度上影响着学生政治价值观的形成和发展。这就要求高校在考察新入职教师的政治面貌、教育背景、科研基本情况等以外，进一步加强思想政治把关，若发现问题，在核实的基础上实行一票否决制。

（2）注重对教师进行师德师风方面的考察

习近平总书记在北京市八一学校与教师座谈时强调："广大教师要做学生锤

炼品格的引路人,做学生学习知识的引路人,做学生创新思维的引路人,做学生奉献祖国的引路人。"① 随后,在全国高校思想政治工作会议上指出,"要加强师德师风建设,坚持教书和育人相统一、言传和身教相统一、潜心问道和关注社会相统一、学术自由和学术规范相统一,引导广大教师以德立身、以德立学、以德施教。"② 教师的一言一行都在无形地传递着其价值观,其言传身教的榜样力量对学生成长发展具有潜移默化的深远影响。

课程思政建设对教师自身的"德性"修养提出了更高要求。教师只有具备良好的道德品质、端正的行为作风,才能更有效地塑造学生的心灵、塑造人的生命,进而塑造未来社会。因此,学校应将对教师师德师风方面的考察作为教师准入制度中不可或缺的一个指标,如出现师德师风问题,可以实施一票否决制,取消入职资格。

2. 将课程思政教学要求融入人才培养方案

高校课程思政要融入课堂教学建设,作为课程设置、教学大纲核准和教案评价的重要内容,落实到课程目标设计、教学大纲修订、教材编审选用、教案课件编写各方面,贯穿于课堂授课、教学研讨、实验实训、作业论文各环节。

课程思政建设贯穿于高校教育教学全过程必然要求修订和完善人才培养方案。培养方案是高校实现人才培养目标和实施人才培养的总体方案,是学校组织和管理教育教学过程的重要依据,也是高校实施教育教学质量监控和评价的基础性文件。在高校课程思政建设工作中,各院系、各专业要按照国家和学校关于课程思政建设的指导文件,根据学校人才培养目标和各专业人才培养方向,将课程育人要求落实到人才培养方案中。

培养方案修订工作的总体指导思想应是:坚持以习近平新时代中国特色社会主义思想为指导,全面贯彻党的教育方针和高校"立德树人"根本任务,坚持以学生为中心的教育理念,立足于学生全面发展,帮助其实现专业知识、技能、思想政治素质的协调发展和综合提高,以培养爱国奉献,拥护党的领导,掌握发现

---

① 霍小光,张晓松. 习近平在北京市八一学校考察时强调 全面贯彻落实党的教育方针 努力把我国基础教育越办越好 [J]. 人民教育,2016(18):6-9.
② 吴晶,胡浩. 习近平在全国高校思想政治工作会议上强调把思想政治工作贯穿教育教学全过程 开创我国高等教育事业发展新局面 [J]. 上海教育,2017(03):4-5.

问题、分析问题、解决问题的思维方式方法的专业人才为导向，使学生具备扎实专业基础理论功底和良好思想素质，将个人成长与发展融入国家建设的实践。

培养方案应重点突出提升学生的专业素养，使其顺利适应毕业后的本职工作，并具备爱岗敬业、团结合作、不怕艰苦、勇攀科学高峰、有强烈的责任感和使命感、实事求是的优良作风。各专业在培养方案修订过程中，必须有明确的目标指向，这样才便于教师按目标组织课程思政教学实践。各专业在将课程思政建设要求融入培养方案时，切忌照搬照抄其他院校、其他专业的培养目标，而必须针对各自专业学生的思想素质状况及学习基础、特点以及专业人才培养目的等，将知识传授、价值引导和能力培养融为一体，确定合理可行的培养目标。

在确定切实可行的培养目标的基础上，各专业还应在课程体系构建、课程内容设计、教学方式方法等方面进行调整。按照育人规律和学生思想形成发展规律，以及专业、课程性质与特点，将有关价值引领、精神塑造的要求融入课程体系，充分挖掘各门课程的思政教育资源，并在教学内容组织设计中进行系统化融入，确定科学、有效的教学路径与方法。

3. 强化师资队伍培训与学习

全面推进课程思政建设，教师是关键。要推动广大教师进一步强化育人意识，找准育人角度，提升育人能力，确保课程思政建设落地落实、见功见效。教师的育人意识和育人能力直接关系着课程思政建设的成效。而师资培训是增强教师育人意识和能力的重要路径。

在培训工作中，高校应构建由人事处牵头，教师工作部和教务处、各个二级院系配合，与院系牵头、人事处、教务处配合的院系培训相结合的二级培训机制。校级师资培训与院级师资培训相互协调，将课程思政贯穿于教师岗前培训、在岗培训和师德师风与教学能力专题培训等多项培训工作中。师资培训的核心目的和导向就是增强专业课教师的育人意识和育人能力，师资培训的主要内容包括两个方面：

（1）引导教师自觉树立思政育人意识

通过各类培训帮助教师明确自身所肩负的育人职责，使其纠正侧重专业知识传授与专业技能培养的认识误区，将价值塑造纳入课程教学目标，并与前两者融为一体。要引导专业课教师认识到课程育人的重要性、必要性，在专业课教学中有意识、有目的、有计划地引导学生树立正确的价值观念。在各类培训中要帮助专业课教师形成如下认识：

一是不断深化其专业知识，加强思想政治修养，深刻理解、挖掘其专业研究与专业课教学中所蕴含的使命和精神。

二是要将专业知识传授与价值引领相融合，注重育人效果，避免将思政内容简单化、机械化地"植入"专业课程教学之中。

三是正确理解全过程育人这一目标。全过程育人并非指每节专业课都要开展思政教育，而是指在整个教育教学环节，包括教学目的、目标、内容、方法、效果中纳入思政元素。

四是加强教学团队合作。在专业性人才培养过程中，不同专业课必然有着相关性，这必然导致具体教学内容的交叉性，这就要求专业课教师强化团队合作，在思政资源挖掘和选取过程中相互协调，避免使面对"课程群"的学生不断接受重复性的思政内容。

五是长期不懈地坚持建设。课程思政建设难以"毕其功于一役"，需要教师坚持不懈地挖掘和融入新的思政元素和内容。

（2）提升教师思政育人能力

专业课教师的思政育人能力从根本上决定了课程思政是否能够在真正意义上帮助学生树立正确的价值观、助力学生成长发展。在各类培训中，要帮助专业课教师着重提升以下几种思政育人能力：

一是提升研究学生的能力。专业课教师要重点了解学生的兴趣、爱好、需求、期待和话语体系，这是开展课程思政建设的逻辑起点。

二是增强课程开发的能力。专业课教师要提升将思政元素与内容有机融入专业课程教学的能力。

三是提升课程思政教学管理能力。在专业课教学中，教师应不断提升思政内容的融合度，使学生在"不知不觉"的状态下接受思想上的引领。

四是加强课程思政评价和反思能力。课程思政难以通过具体量化的方式来测评教学成效，所以，在评价方面，教师应着重评价学生的情感、态度、价值观的转变以及行为表现。同时，教师还应时常反思思政元素与专业知识的融合效果，以及对学生的影响力。

（四）形成科学合理的教师考核评价机制

课程思政即使已经较多地关注潜在性影响，重视学生精神方面的影响，以及学习习惯等方面的培养，还是要认真完善课程思政的评价机制。评价是为了观察课程思政的实验结果和学生发生的变化，进而完善课程思政的规划和实践。

首先，评价标准。应关注定性评价，而不是只进行定量评价。而且，思想政治水准的进步需要一个过程，评价也需要重视过程而非仅仅关注于最终结果，所以要关注对于评析的阐述而并不是分值。除此之外，评价过程中要尊重发展的规定，也就是重视学生纵向的变化，尽量少去和他人进行对比。过程阶段的评价、定性评价、发展变化评价才是课程思政评价的主要标准。

其次，评析的指标和方式。所有课程都必定拥有它对应的思想政治教育的诉求，具体分为如下三种：情感、态度、价值观。单论情感，就能做出如下分类：学习积极性、学科自信程度、勇于怀疑的勇气、合作和讨论的需求、课程历史观念等。可以通过学生访谈的形式来验证除思政课程之外的课程思政的育人效用成果；通过同一行业听课、不同学科老师交叉听课、不同部门听对方的课的评价形式来验证除思政课程之外的课程思政的专业性成果。深层次推进年终考试评估规定的改革，加入价值观监控测量点，加强思想政治教育内容评价的重要性，验证除思政课程之外其他课程思政的综合成效。判断思政元素带入的内容是不是精准、带入形式是不是合适、带入作用是不是存在实效特性。判断学生在接受教育阶段中，是不是拥有正能量的体会。站在全方位、多个水平的角度来推动课程思政教学成效的评价由原来的唯一一种专业效果评价转变为人文标准、价值观、社会责任感等多方面的评价拓展。评价方法往往是思想发展档案法、重要事件法、评价表方法等。其中，思想发展档案法指的是学生形成课程思政档案袋，如果是有关于思想政治教育的部分，那么会使用纸质文档进行储存，好用来评价。

最后，评价的实用性。评价最为重要的阶段是结果的实用性。站在思想政治教育的角度来看，结果的实用性往往要比评价结果起到的作用更大。总而言之，评价结果最为直接的用途是完善教学、加强老师的思想政治教育水准,而且,结果还能够用于课程规划的完善、评价指标的完善、制度的补足等。

科学、合理的考核评价机制能够及时反馈专业课教师在课程思政建设和教学实践中的成效,激励教师进一步加强高校课程思政建设创新,不断增强思政育人意识和育人能力。建立健全多维度的课程思政建设成效考核评价体系和监督检查机制,在各类考核评估评价工作和深化高校教育教学思政建设中落细、落实。充分发挥各级各类教学指导委员会、学科评议组、专业学位教育指导委员会、行业职业教育教学指导委员会等专家组织的作用,研究制定科学多元的课程思政评价标准。

把课程思政建设成效作为"双一流"建设监测与成效评价、学科评估、本科教学评估、一流专业和一流课程建设、专业认证、"双高计划"评价、高校或院系教学绩效考核等的重要内容。把教师参与课程思政建设情况和教学效果作为教师考核评价、岗位聘用、评优奖励、选拔培训的重要内容。在教学成果奖、教材奖等各类成果的表彰奖励工作中,突出课程思政要求,加大对课程思政建设优秀成果的支持力度。当前,不少高校已经着手将课程思政纳入教师考核评价机制。例如,浙江省将学校课程思政教学情况纳入本科教育和高职教育述职评议范围,把课程思政教学成效作为本科教学分类评价的重要内容,并在教学成果奖、教材奖、教学名师、一流课程等各类教学成果的评比表彰中突出课程思政权重,探索完善"学评教"机制,把课程思政的成效纳入教师评价体系。

1. 将教师参与课程思政建设情况和教学效果纳入评奖评优、职称评聘标准

以往,高校对专业课教师的职称晋升等,侧重于对专业教学工作量、专业知识和技能传授方面的考察,而相对轻视、忽视乃至无视其在育人方面的工作。基于此,在推进课程思政建设工作落实的过程中,学校有必要关注对教师"育人"能力的考评,进一步丰富和完善专业课教师的考核评价标准,将教师参与课程思政建设情况和教学效果纳入考评指标,以此不断驱动教师在引导和培养学生价值观、精神塑造方面多下功夫、多出成效。

(1) 着重考察、考核专业课教师参与课程思政建设方面的"行动"

教师积极参与课程思政培训学习、教学大纲修订、教学内容中的思政资源挖

掘、教学方法创新等活动，是其推进课程思政提质增效的前提和基础，如果没有在这些方面的时间、精力投入，那课程思政建设便无从谈起。

因此，学校在制定专业课教师职务职称晋升标准时，应将其参与课程思政建设所做的工作和努力作为职务职称晋升的必备条件，纳入考评体系。在具体实践中，要着重考察教师在学生研究、课程开发、教材开发、课程思政教学管理、课程思政教学研讨、教学团队合作、课程考评等方面所做的努力。

（2）注重考评专业课教师的课程思政育人"效果"

以往，高校在制定考核评价标准时，往往侧重于学历、论文、"帽子"、项目或课题等方面，而忽视对课程思政建设成效的考量，在未来各类评选工作中，应将课程思政建设作为重要的考核要求和标准。这就要求高校在关注专业课教师推进课程思政建设的"行为"的同时，侧重于对其课程思政教学实践成效的评价，从而驱动教师通过多种努力将"立德树人"落到实处，在真正意义上助力学生成长发展，培养更多更优秀的社会主义合格建设者和可靠接班人。这就要求对教师的课程思政建设和教学实效进行测评，了解其对于学生价值观引导、精神塑造方面的作用，考核其课程思政教学创新是否符合学生成长发展规律、教书育人规律、思想工作规律，是否围绕专业培养目标服务、服从服务于学校人才培养目标的育人要求，是否与思想政治理论课相协调，是否实现课内外、校内外教育资源整合与协同，是否存在专业课"思政课化"的问题等。

2. 将课程思政建设成效纳入专业课教师教学和科研成果认定制度

高校应合理运用教师课程思政教学质量评价结果，在教师专业技术职务评聘和各级各类评奖评优标准中，提高课程思政教学和课程思政建设研究成果占比，并将评价结果与教师的绩效考核和津贴分配等挂钩，引导和鼓励专业课教师投入更多时间和精力开展课程思政研究与教学。

不仅如此，高校还可以将课程思政教学质量纳入教学成果奖等评价体系，即学校在关注人才培养模式创新、教学方式方法、教材编写修订等在教学成果奖等各类评奖评优中的比重的同时，将课程思政建设成效和优秀课程思政建设成果作为重要考核标准纳入评价体系。专业课教师在思想素质、政治素质、师德师风等方面存在突出问题的，在专业技术职务（职称）评聘中应"一票否决"。

3. 健全专业课教师评奖评优、专业技术评价机制

要把教师参与课程思政建设情况和教学效果作为教师考核评价、岗位聘用、评优奖励、选拔培训的重要内容。在教学成果奖、教材奖等各类成果的表彰奖励工作中，突出课程思政要求，加大对课程思政建设优秀成果的支持力度。

高校应当健全专业课教师专业技术职务评价机制，建立以同行专家评价为主的教师工作部、教务管理部门相关负责同志参与的评价机制，考察专业课教师在课程思政建设中所做的工作及其教学成效。人事部门应制定专业课教师专业技术职务（职称）管理办法，适当缓解教师"非升即走"的压力，营造潜心育人、扎实科研的良好氛围。

当前，不少高校制定了驱动教师积极进取、不断出好成果的"非升即走"政策，这使得不少青年教师迫于"生计"对标对表，甚至急功近利地从事教学、科研工作，很大程度上导致教师难以在育人方面投入充分的时间、精力。基于此，高校应适当缓解教师"非升即走"的压力，引导教师潜心育人。

（五）建立健全课程思政课堂教学质量监测反馈机制

监测反馈对于及时发现课程思政建设和教学中的问题与不足，进而通过沟通、协调或制定相应的对策提升课程思政建设成效具有重要价值。如南京大学注重评价激励，建立课程思政新标准。一是严格建设要求。加强教学质量监控，开发课程思政建设对照表单。二是完善评估机制。探索课程思政的评价标准，构建"课程—院系—学校"三级评价标准体系，将课程思政建设质量、内容、成效等情况纳入院系教学绩效考核、年度考核指标体系。例如，上海市将课程思政纳入高校党委落实意识形态主体责任的重要内容，纳入评价学校办学质量和学科建设评估体系、高校分类评价体系，制定《上海高校课程思政建设质量自查指标体系（试行）》，明确了课程思政建设规范化要求。

1. 将课程思政教学要求纳入课堂教学质量评价标准

以往对于专业课教师教学质量的评价往往侧重于知识传授和能力培养两个方面，而忽视了考察课程教学对学生价值引导和精神塑造方面的成效。课程思政建设及实施必然要求将价值塑造方面的内容纳入其中，且作为衡量课程思政教学成

效的重要指征。课堂教学质量评价标准侧重以下几个方面：

（1）课程思政教学目标明确

课程思政建设的过程当中，课堂教学目标设置突破局限，将知识传授、价值塑造、能力培养三者融为一体，即将价值观引导融入知识传授和能力培养，帮助学生塑造正确的世界观、人生观、价值观。

（2）教学内容重点突出，思政元素融入自然、得当

课程思政建设的过程当中，教师应以有虚有实、有棱有角、有情有义、有滋有味为根本标准，组织设计教学内容。就专业课程教学中的价值塑造方面，要着重考察是否紧紧围绕理想信念，爱党、爱国、爱社会主义、爱人民、爱集体，政治认同、家国情怀、科学精神、工匠精神、创新精神、团结协作精神、文化素养、宪法法治意识、道德修养等方面，重点优化课程思政内容供给，在专业知识传授中是否系统进行中国梦教育、社会主义核心价值观教育、法治教育、劳动教育、心理健康教育、中华优秀传统文化教育。在此基础上，还应考察课堂教学内容中所蕴含的思政教育资源是否得到充分挖掘，思政教育元素与专业课程知识传授及技能培养契合得是否恰当、贴切。

（3）教学方法得当、灵活多样

教学板书设计条理清楚、重点突出、整洁简练、富有创意。在教学实践中，教师应综合运用案例法、故事法、情境再现法、角色扮演法等方法将师生的生活体验、日常情境和社会热点问题融入课堂内容的编制，善于运用故事教学法增强课程讲授的叙事效果与情感效应。以故事引入问题，以问题导入课程，使得讲授过程故事化、情节化，达到循循善诱、引人入胜的效果。同时，教师还应积极运用问题讨论法促进师生、生生互动，引导学生发现问题、分析问题。没有语言的伴随，行动不仅会失去其展现的特征，而且也会失去其理由。没有言语的行动不再是行动，因为这里不再有行动者；而行动者只有在同时也是说话者时，才能成为行动者。言说、讨论等方法能够让学生从不同视角认识问题、思考问题、解决问题。此外，在课程思政建设的过程当中，教师还要积极回应当代网络影像时代的新趋势，善于运用信息技术将丰富的影像资料、网络语言和时尚素材形象化，有效增强课程教学的感染力，提升整体教学效果。

2. 构建课堂教学会诊制度

课堂教学会诊制度对于强化教师课程思政教学基本功、形成富有个性的教学风格具有重要价值，因此不少高校都建立了教学督导制度，一般由教务处牵头，富有教学经验的教学名师、老教师组成教学督导组，通过随堂听课且课后反馈的方式帮助教师提高课程思政教学质量。笔者认为，应在教学督导制度的基础上，构建课堂教学会诊制度。

（1）形成以学生课程思政学习获得感为评价导向

推进课程思政建设和实施的主体多元、形式多样、过程复杂，难以以标准化或量化的方式进行评价。此类评教的主要手段包括以下几种：

①个性化评价

在评价结果上，可以检测学生对于专业课课程思政教学中价值观引导方面的认同度，实现量化评估的效果。

②过程性评价

可尝试现代信息技术，通过对学生参与专业课课程学习行为数据的挖掘和分析，以参与频度、参与质量等评价指标为基本参数，构成学生学习课程思政效果的基础数据，并通过逐步扩大指标范围，建立和完善智能化统计和识别的过程性评价机制。

③多元化评价

可逐渐引入新技术、新手段，整合、挖掘和分析学生参与课程思政学习过程中的相关评价主体，包括教师、学生本人等针对情感、态度、价值观、思维方法、行为方式等给出的全方位信息，构建一体化的课程思政学习成效多元评价信息系统。

（2）在学生评教的基础上构建五级教师评教会诊制度

建立校领导、院系领导、教学督导、教研室主任、教师五级教师教学会诊制度。高校党委书记、校长、分管教学的校领导，应积极开展听课活动，并与一线教师展开交流，及时了解和发现教师在课程思政教学中存在的问题，从而帮助其提升思政育人能力。不仅如此，校领导通过听课还能进一步了解和掌握课程思政建设政策的落实情况，发现相关的政策、制度中存在的偏差或漏洞，并予以调整。

院系书记、院长、教研室主任要做到每人每学期对每门专业课听课全覆盖。教学督导要按照课程思政建设要求积极开展听课活动，并同任课教师及时交流。教师个人听课由教师本人随机安排，与其他教师互相学习，取长补短。

听课评价标准主要包括课程思政教学目标是否明确，所蕴含的思政内容是否得到充分挖掘，课程讲授中价值观引导是否与知识传授、能力培养融为一体，是否存在"强行"课程思政的情况，是否选择多种教学方法和手段，是否应用现代教育技术，学生的学习状态是否积极等。高校课程思政建设工作领导小组还应组织专家开展随机听课，整理并撰写全校课程思政教学满意度年度报告。各二级学院要每学期定期组织教学会诊交流会，由主管校领导、教学督导、专业课教师共同参与，针对教师在课程思政课堂教学中遇到的相关问题展开交流，提出解决策略，并有针对性地进行一对一帮扶，不断提升教师课程思政教学质量。

四、切实提高专业课教师的思想政治教育素养

一个学校能不能为社会主义建设培养合格的人才，培养德智体全面发展、有社会主义觉悟的有文化的劳动者，关键在教师。专业课教师是实施课程思政建设的关键主体，是落实铸魂育人的重要力量，对学生成长发展具有深远影响。专业课教师应以政治强、情怀深、思维新、视野广、自律严、人格正为目标追求，切实提高自身思想政治教育素养。

（一）培育课程思政意识和责任担当

人的意识不仅仅反映客观世界，而且创造客观世界。专业课教师关于课程思政的精准认知和责任担当，是积极推进课程思政建设与实践并取得良好成效的前提和基础。因此，专业课教师有必要形成正确的课程思政观和使命意识。

1. 准确把握课程思政的内涵和理念

专业课教师应认识到与思政课程不同的是，课程思政不是一门具体的课程，而是一种新的课程观，或者一种新的课程理念，是将价值塑造寓于知识传授和能力培养之中，实现课程的专业教育与价值引导的双重功能。课程思政建设的理念就是通过发挥专业课教学的隐性思想政治教育功能，以专业教学内容为载体，将

思政育人目标贯穿于各门各类课程教学全过程，使课程回到育人本真，从而丰富高校思想政治教育资源，构建"大思政"课程体系，助力全员、全方位、全过程育人格局的形成。

2. 深化对课程思政的理解

在准确理解课程思政内涵和理念的基础上，专业课教师还应进一步深化对课程思政的理解。首先，课程思政不等同于课堂思政。课程思政实践绝不能仅仅局限于课堂这一场域，而要跨越课内外、校内外多个场域。换言之，教师一方面可以通过课程教学帮助学生树立正确的价值观，另一方面还可以采用社会化学习的方式，引导学生积极参与多种类型的社会实践活动，通过深入现实生活，将理论学习与实践学习结合起来，提升育人实效。其次，全过程育人不等同于每一节课都要开展课程思政教学。所谓全过程育人，并非指每节专业课都要开展思政教育，而是指在整个教育教学环节之中，即教学目的、目标、内容、方法、效果中将思政元素纳入。最后，课程思政不等同于"课程+思政"。课程思政建设的本质是将专业知识传授与价值引领相融合，二者是合而为一的，因此，教师应避免将思想政治教育元素简单化、机械化地"植入"专业课程教学，或在专业课课堂教学中浓墨重彩地大讲特讲思想政治教育内容。

3. 强化德育意识，自觉开展课程思政建设工作

囿于原先对高校思想政治工作认知的局限，不少专业课教师将育人工作或德育工作的任务看作思政课程教师承担的职责，其开展思想政治教育建设的自觉性并不高。基于此，学校和学院有必要通过讲座、宣讲等多种方式加强对专业课教师的课程思政意识的培育，使他们明确自身所肩负的思想政治教育使命与职责，自觉地将马克思主义立场、观点和方法融入专业课教学，增加课程的深度、温度和厚度，实现教书与育人的统一。

（二）强化思想政治理论素养和师德修养

专业课教师不仅要树立正确的课程思政观、明确自身使命担当，还应全面掌握、深刻理解思想政治理论的主要内容，唯有如此，才能有的放矢地系统梳理、挖掘课程的思想政治教育资源，并实现价值引领与知识传授的统一。此外，教师

还应加强自身德性修养，提升人格品质，通过言传身教潜移默化地影响学生的世界观、价值观和人生观。

1. 提升思想政治理论素养

在课程思政建设过程中，专业课教师要有目的、有意识、有计划地将思想政治教育元素融入专业课教学，这就要求专业课教师加强对马克思主义基础理论、中国特色社会主义理论体系的学习，形成对思想政治理论的基本认识。

专业课教师一方面可以积极自学，通过参与思政课程课堂学习、阅读相关书籍、观看慕课、与思政课教师交流等方式，全面而深入地了解和掌握思想政治理论相关内容，丰富自身知识体系；另一方面可以积极参与由国家、学校或学院组织的各类培训学习活动，快速掌握思想政治理论最基本、最核心的内容，尤其是关于政治理论素养的内容。

2. 提高师德修养

教书育人的职业特性决定了教师必须是品德高尚的人，这样才能以德施教、以德立身，成为学生道德修养的镜子。因此，在课程思政建设中，专业课教师应取法乎上、见贤思齐、反躬内求，不断加强自身道德修养和人格品质，把正确的道德观传授给学生。这就要求教师不断锤炼自身品德修养，忠诚于党和人民的教育事业，自觉做中国特色社会主义的坚定信仰者和忠实实践者，强化对中国特色社会主义的思想认同、理论认同、情感认同，不断增强道路自信、理论自信、制度自信、文化自信，具备辨别、批判、抵制错误思潮的价值理性，做一个高尚的人、纯粹的人、脱离了低级趣味的人，积极引导学生热爱祖国、热爱人民、热爱中国共产党。同时，在课程思政建设过程中专业课教师还应拥有仁爱之心，具备爱护学生、尊重学生、理解学生、宽容学生的品质，在爱护、尊重、理解、宽容的基础上，才能深化和拓展课程思政建设，使学生充满自信、学会尊重他人。

（三）提升课程思政教学能力

高校之所以积极地推动和开展课程思政工作，一方面是为了能够培养学生优良的品质以及相关专业能力，另一方面也是为了使学生成为社会所需要的人才，在这一过程中，高校教师的任务和职能非常重要。高校管理人员需要对教师的思政意识以及相关能力进行提高，将"立德树人"的培育观念贯彻到教师的思想和教学行为中，这样才有利于思政工作的开展，积极地为教师提供相关的教学资源，这是保证思政工作有效性的关键。

随着社会不断地发展，社会所需要的人才有多样性，因此，高校需要根据社会所需要的人才制定相关的培养目标，并在新时代背景下赋予其新的内涵和教学任务，在不断提高人才培养的基础上，加快推进课程的思政工作。在这一过程中，高校教师需要加强自身的执行能力，通过对各方面教授资源的整合，不断地提高学生综合的思政能力。

专业课教师的课程思政教学能力从根本上影响着课程思政建设成效。然而，在课程思政建设实践中，不少专业课教师仍面临不少困惑。笔者从实践角度出发，基于"全过程育人"视角，结合分散控制系统、民事诉讼法、模拟电子技术基础实验三门课程，就专业课教师课程思政实践路径与方法进行探讨。

1. 精准定位课程思政教学目的

教学目的是教学领域中为达到教育目的而提出的具有概括性、总体性的要求，从根本上影响着教学目标的设置、教学内容的组织设计、教学方法的选择，以及教学成效。因此，在课程思政建设和教学实践中，专业课教师应精准定位课程的教学目的。在教学目的设置过程中，专业课教师需要注意三个方面的问题：

一是将知识传授、价值塑造、能力培养融为一体。落实"立德树人"根本任务，必须将价值塑造、知识传授和能力培养三者融为一体、不可割裂。这就要求教师在设置课程目的时不能仅仅向学生传授专业知识、培养学生专业技能，而应将价值塑造这一目的与其他两个方面融为一体。

二是根据不同课程性质、特点精准定位思政育人。人文社科类、理工类、医学类、实践类等不同类型课程的内容及其与思想政治教育的紧密度、侧重点各有不同，因此，在设置教学目的，尤其是在价值塑造方面切不可千篇一律，而应从实际出发，在思政教育方面准确定位课程。

三是确保教学目的能够分解成具体教学目标。教学目的与教学目标既密切关联又彼此区别。教学目的决定教学目标，教学目标展现教学目的；教学目的是唯一的，教学目标是多样的。

因此，专业课教学目的应具有统一性，且可以分解为多个教学目标。分散控制系统的教学目的是通过对分散控制系统的概念、发展历史、结构和工作原理的讲授，帮助学生了解和掌握分散控制系统的相关知识，形成工业控制的能力和自动化专业系统观，并引导学生践行社会主义核心价值观，强化"家国情怀"和"自主创新"意识。

2. 增强课程思政教学内容的现实针对性与契合性

课程思政建设内容要紧紧围绕坚定学生理想信念，以爱党、爱国、爱社会主义、爱人民、爱集体为主线，围绕政治认同、家国情怀、文化素养、宪法法治意识、道德修养等重点优化课程思政内容供给，系统进行中国特色社会主义和中国梦教育、社会主义核心价值观教育、法治教育、劳动教育、心理健康教育、中华优秀传统文化教育。这为专业课教师在课程思政建设的内容挖掘方面指明了方向。

同时，《高等学校课程思政建设指导纲要》也明确要求按照不同学科、不同专业、不同课程的性质，有所侧重地挖掘并有机融入相对应的内容，阐明人文社科、工科、理工、农学、医学等领域课程的思想政治教育内容侧重点。如人文社会科学类课程，重在帮助学生学习运用马克思主义世界观方法论，深刻理解社会主义核心价值观，继承和弘扬中华优秀传统文化、革命文化、社会主义先进文化。理学、工学类课程，重在帮助学生具备马克思主义立场观点、科学精神，进行科学思维方法的训练和科学伦理的教育，并培养学生的家国情怀和使命担当。

在课程思政建设中，专业课教师在深入挖掘上述思政内容的同时，还可以从价值观和思维方式两个角度入手梳理课程所蕴含的思政内容。一是就价值观而言，主要包括人生观、理想信念、中国精神、社会主义核心价值观、道德与法治意识。二是就思维方式而言，主要包括唯物辩证法三大规律，即对立统一、量变质变、否定之否定规律；辩证思维方法，即归纳与演绎、分析与综合、抽象与具体；辩证、历史、战略、底线、创新思维能力；辩证唯物主义认识论，即认识与实践的关系。

3. 创新课程思政教学路径方法

教育路径和方法的多样化对提高课程思政的实效性至关重要。那么，专业课教师应采用哪些教学路径和方法呢？或许我们可以从对专业课教师在课程思政教学中存在的问题的调研中获得一些启发。部分学生认为专业课教师在课程思政教学中存在的问题主要体现在专业课教学时间、教师精力有限、课堂互动不充分、学生积极性不高、课程实践较少、难以转化为自身的态度和行动、教学内容枯燥无味，形式过于单一、教师自身思政知识储备不足，思政元素融入生硬等几个方面。

鉴于此，未来，在课程思政建设和教学中，专业课教师有必要不断丰富课程思政教学方法。在教学方法的选用上，教师要根据授课的任务、教材内容的特点、学生的年龄特征，尽可能多地了解相关教学方法，并在比较多种可供选择的教学方法的前提下择优。在具体实践中，教师在选择教学方法时应注意各种教学方法的有机配合，坚持以启发教学为指导思想，综合考察所传授的是某类新知识，还是技能、技艺；是事实性知识，还是理论性知识；是科学性知识，还是艺术性知识；学生处于低学龄阶段，还是高学龄阶段，其知识储备和心理准备如何。在此基础上，灵活运用多种方法开展课程思政教学工作。尽管如此，针对不同性质、特点的专业课，教师可以综合选用以下具有普适性的教学方法：

（1）综合运用案例法、故事法等促使教学内容生活化

由于课程思政建设与教学中的思想政治教育部分内容涉及国家前途命运、人类社会发展规律、人生价值等宏大命题，与现实生活和学生思想实际有一定距离，很容易导致学生学习兴趣不大，因此，在课程思政教学活动中，教师要着重思考如何将教学内容生活化，以便于学生思考和理解，继而形成正确的价值倾向。

在课程思政建设与教学实践中，专业课教师可以综合运用案例法、故事法、情境再现法等方法将师生的生活体验、日常情境或社会热点问题融入课堂教学内容的编制，运用故事教学法增强课程讲授的叙事效果与情感效应。以故事引入问题，以问题导入课程，使得讲授过程故事化、情节化。这些方法是教师常用的方法，这里不过多展开讨论。

需要注意的是，在将生活体验、日常情境融入课堂时，教师一定要坚持"底线思维"，把握好教学生活化的"度"，避免出现庸俗化、过度娱乐化的现象。这是因为寓教于乐重在"教"，而不可本末倒置、使教学变成纯粹的娱乐性活动，致使学生注意力偏移，无法真正领会课程思政教学所传递的知识与价值观。

（2）尊重沉默，鼓励对话与讨论，强化课堂互动

参与在本质上是一种情境化的、多方协作的产物。具体到课堂教学中，教师往往采用交谈或对话的方式将学生的注意力集中到某一个问题上，并引发学生的思考。但事实上，在课堂交谈或对话中，说话者的话语总是与一定的听众相联系，说话者所表达出来的语言时常受到听众影响，且说话者与听众角色处于持续转化状态。因此，在强化课程思政建设与教学的课堂互动过程中，教师一方面应尊重沉默，将课堂沉默重构为一种课堂互动的产物，另一方面应鼓励学生积极参与对话与讨论。

①将沉默作为一种课堂参与形式，尊重学生的沉默

课堂互动的形式多样，这是因为课堂参与结构实际上是指导个人通过言说或沉默的方式在课堂互动中作出贡献的各种权利与责任。参与结构包括各种口头的、非口头的互动，各种听觉的、文本的以及绘画方式的内容。通常情况下，课堂互动是通过语言表达来实现的，但仅仅关注发言，把发言作为成功参与课堂的依据，会掩盖学生可能通过沉默来展现的其他多种参与方式。事实上，通过沉默，一些观念的传播更为有效、更为有力；通过沉默，学生能够进入深度思考状态并将特定信息内化于自身的认知结构之中，继而整合成为自身思想政治修养的一部分。不仅如此，民主的课堂强调包容，强调课堂互动方式的多样性及其协商过程。因此，在课程思政建设与教学工作中，教师不仅应关注学生的言语表达，也应关注学生的沉默并将其作为一种课堂互动和课堂参与的形式。

②鼓励学生通过对话与讨论的形式积极参与课堂互动

从学生角度来看，学习者不仅与教育内容（对象）相遇、对话，与教室内外的他人相遇、对话，也不断地与自身相遇、对话。课堂中的学习者通过这种参与，既证明自身的存在，也表明自我的态度。反之，被剥夺了参与课堂学习机会的学习者将丧失证明自己存在的机会，面临迷失自我的危机。基于此，在课程思政建设过程中，专业课教师应积极采用对话与讨论的教学方法开展课程思政教学实践。这样一方面能够帮助学生通过反思增强辩证思维能力，形成积极的、正确的价值取向，学会理解、包容和妥协；另一方面能够进一步激发学生的主体性、积极性，增强其学习获得感。这就要求专业课教师在课程思政教学实践中广泛开展对话与

讨论，营造民主、开放的课堂氛围。就对话而言，它主要是指教师与学生的交流。平等互动和交流是弥合不同个体和群体之间距离的最佳方式，唯有通过对话，才能启迪智慧、达成价值方面的共识。

在课程思政建设与教学实践中，是居高临下地将相应的价值观传输给学生，还是与学生平等交流、展开对话、认真聆听学生的思想？这两者的引力和效果是不言自明的。对话不同于自上而下的灌输方式，它是一种平等、开放、自由、民主、协调、富有情趣，并能产生新思想的人与人的交流。因此，在课程思政教学实践中，专业课教师要改变居高临下的说教口吻和单向灌输的叙述方式，以促进学生全面发展为目标，尊重学生的主体性，努力激发他们参与对话的积极性，自觉地将自己放在与学生平等的地位，真心地、平和地与学生就相关价值问题等进行沟通和讨论，及时了解学生的思想状况及其思考价值问题的能力，并针对学生的实际思想情况进行教学设计，从而帮助学生修正自身的价值认识、提高价值理性，通过专业课教学确立正确的价值观。

就讨论而言，它主要是指学生在教师的引导下进行的学生与学生的交流，是学生群体内部的一种沟通方式。课堂讨论历来为欧美国家所重视，20世纪60年代，美国学者提出的价值澄清法、公正团体法，无不涉及学生就某个问题所展开的讨论。讨论之于课堂开放、民主氛围的形成，学生思维能力的提高和参与意识的增强起着积极作用。教师在学生讨论过程中，应保持宽容的态度，尤其是在价值观教育中，教师应保持宽容的态度，营造轻松自由的课堂氛围，以便于学生自由表达。那么，讨论的主题有哪些？笔者认为，专业课中有关价值观方面的问题是开展学生讨论的最佳切入点。这些问题容易引起学生的强烈关注，对于学生思想观念的形成和发展具有重要影响，加之当代大学生接触信息范围广，对各种社会热点问题非常敏感，因此，在课程思政教学实践过程中，专业课教师可以引入对相应价值问题的讨论，不仅能够增强教学的现实针对性、趣味性，而且能够在很大程度上激发学生学习的积极性和主动性，促使学生深入理解和领会所学的专业知识中的价值问题，提升学生分析现实问题的能力，进而帮助他们树立正确的价值观。

价值问题选择应遵循两个原则：一是两难性，即有两种可能的选择，无论哪一种选择，都有利有弊，让学生处于进退维谷的困境，从而增加他们思考问题的深度和广度，增强他们解决问题的能力，最终使他们在教师的引导下树立正确的价值取向。二是契合性，即所选取的价值问题必须与专业课教学内容相契合，抓准价值问题与教学内容的结合点，服务于教学任务和目标。就组织讨论的方式方法而言，教师可按照一定的标准，如年级、专业等，将学生进行分组，并提供具体的讨论主题，之后各小组就具体价值问题进行讨论。随后各小组将本小组形成的观点向全体同学汇报，在此过程中，各小组之间的观点可形成交锋。最后，教师就学生所思所想进行总结评论，以起到引导学生思考的作用。

（3）灵活运用研究性教学方法促进自教与他教的统一

专业课教师所开展的课程思政教学实践活动，最终要经由学生的自我教育才能从根本上促进其价值观形成和发展。课堂教学中以讲授为主的教学方式具有一定的局限性，主要体现在两个方面：一是尽管课堂讲授的方式能够引导学生了解一定的价值观，但并不能有效帮助他们形成价值理性，并拥有参与社会公共生活的意识和能力。二是课堂讲授这一教学方式具有预成性，即讲授、讨论等活动往往围绕教材既定结论，其最终目的是引导学生深刻理解和掌握教材知识，因此，其教学效果是能够预见的。在这一过程中，教师在一定程度上能够考虑到学生的接受、理解能力，但学生仍处于被动接受知识的地位。

在现实生活中，在课程思政建设过中的教学中所采用的不少教学方法有时候只是呈现外在的活跃，难以真正激发学生的学习兴趣，同时，不少启发式、提问式教学方法也面临学生不能积极回答或答案没有价值的尴尬境遇。基于此，课程思政教学应大力开展教师指导和学生主导相结合的研究性教学活动。所谓研究性教学，是指教师指导学生从学科领域和社会生活中选择和确定研究主题，运用类似科学研究的方式，主动地获取知识、应用知识、解决问题的教学活动。

实际上，研究性学习是学生通过自己的观察和思考获取、领悟知识，进而形成价值理性和行为实践能力的重要方式，它具有开放性、创造性和建构性特征。相对于中小学生而言，大学生已拥有一定的知识储备、理解能力和行为能力，且当今大学生具有更为强烈的自主意识，因此，专业课教师可以运用研究性教学这一方式指导学生就某些关涉价值导向、精神塑造、思维能力培育的专业课问题开展研究性学习，帮助他们学会搜集、编制信息，获得相关知识；学会运用知识从不同角度和侧面分析和思考个体、国家、社会发展中出现的矛盾与问题；强化主动关心国际国内社会形势、关注国家前途和命运的意识，养成实事求是的科学态度、敢于质疑的批判精神，以及独立思考、勇于打破传统的创新精神；形成参与国家和社会公共生活的行为能力。那么，如何运用研究性教学活动开展思想政治理论课教学呢？研究性教学活动的程序包括以下几个方面：

一是围绕专业课内容确定研究主题，即提出、确定与专业课有关的主题。这些研究主题不仅需要与专业课内容、学生现实生活中的困惑、所处的社会、学生自身成长问题密切相关，而且要适合学生当前阶段的学习和探索，并具有一定的开放性（即问题的答案具有一定的不确定性，能够激发学生从多个维度进行思考）。反之，研究主题可能无法引发学生的研究兴趣和思考。例如，在当今电力发展过程中，是否可以大力发展核电产业？当前我国新能源技术发展取得的成就与存在的短板是什么？这样的研究主题，都有利于学生独立思考。

二是帮助学生制订研究计划，包括研究思路、步骤和方法等。多数大学生并没有开展过专业课相关内容的研究性学习，因此，教师需要指导他们深入思考和讨论研究思路、研究时间安排，以及确定需要采用的具体研究方法（如文献研究法、调查研究法等），从而使他们顺利开展研究工作。

三是指导学生开展研究活动。在学生启动研究性活动后，教师仍需要密切关注其具体进展，及时帮助其修正不当之处。

四是辅助学生总结研究成果。在一系列研究活动的基础上，教师要辅助学生总结研究成果，明确其研究结论。研究性教学方式大体可以分为个体化研究和小组合作式研究两种。个体化研究是教师引导每个学生就某些思想政治理论课问题进行讨论。小组合作式研究是将学生分为学习小组，通过小组同学的合作，就某个问题展开广泛交流沟通，从而助力学生的知识建构、态度和价值观形成以及行为能力提升。

（4）充分运用多种实践法强化理论与实际的统一

马克思历来重视实践对提升人的思想觉悟的重要性。他强调："问题并不在于实现某种空想的体系，而在于要自觉地参加我们眼前发生的革命的改造社会的历史过程。"①毛泽东也非常重视实践对于人的认识的重要性。他指出："通过实践而发现真理，又通过实践而证实真理和发展真理。从感性认识而能动地发展到理性认识，又从理性认识而能动地指导革命实践，改造主观世界和客观世界。"②实践活动对价值观的形成具有决定性作用，是价值认同和价值理性不断强化的根本路径。学生只有通过参与实践活动，真正置身于现实生活之中，才能深刻理解并增强评判能力，形成自己的价值观和思维能力。

在课程思政建设过程中，专业教师要引导和鼓励学生以言说和行动的方式积极参与现实生活，在社会交往中增强对国家主导价值观的认识、理解、认同与内化。通过言说和行动，学生才能真实地参与实践生活，才能在社会交往过程中传递思想，感受公共生活运行的规范和所蕴含的价值导向。在交往过程中，个体之间、群体之间、个体与群体之间的思想、价值观等不断交流，一定的思维方式和价值观念自觉或不自觉地进行着传递。同时，个体将对他人的了解作为自身的参照和借鉴，或根据他人的反馈和评价调节自己的思想认识、价值观念和行为方式。按照实践的性质，可以将其分为专业课实践、社会实践和创新创业实践三类，专业课教师可以按照课程性质组织相应的实践活动。

①专业课实践

专业课实践活动在提升学生专业技能的同时，也能促进学生形成学思结合、知行统一的习惯，形成创新精神，提升解决问题的实践能力和团队协作的能力。因此，专业课教师可以根据课程需要，组织学生通过开展专业课实践增强专业课中的思想政治教育成效。

②社会实践

社会实践是指个体走进社会，并与他人积极互动的过程，其意义主要体现在能够使学生在与其他社会群体，尤其是弱势群体的互动、交流中，更加明确自身的社会责任感、使命感，增强爱国意识、法治意识等，形成对富强、民主、文明、和谐、自由、平等、公正、法治、爱国的切实思考、判断和理解，逐渐学会沟通、尊重、理解、包容、友善，获得诸如表达能力、交往能力、政治价值评判能力、

---

① 刘乃勇. 马克思自述传略[M]. 北京：新华出版社，2014.
② 李连科. 中国哲学百年论争[M]. 北京：商务印书馆，2004.

选择能力和协商能力等政治生活参与能力,并在与他人的交往中学会思考、评判、协商、合作等公共生活的基本技能,进而获得参与政治生活和集体活动的能力。

在课程思政建设期间,专业课教师可以组织大学生开展的社会实践形式包括扶贫开发、社区建设、环境保护等,通过这些活动帮助学生形成劳动精神、了解国情民情、增长智慧才干、锤炼意志品质。需要注意的是,教师应加强对社会实践活动的引导。在学生参与社会实践活动的过程中,教师应鼓励学生在忠于情感的基础上负有责任地判断是非、更新思想观点、选择价值取向并自主行动。因为只有在审慎地思考和对选择的结果倍加珍视的基础上,实践主体才会言行一致并始终对自己的行动负责。

③创新创业实践

创新创业实践活动的意义不仅局限于获得"外在事功"方面的成绩,而且对于学生创新精神、创造意识和创业能力培养大有裨益。专业课教师在指导学生开展专业课实践、社会实践活动的同时,也可以积极投身大学生创新创业实践的指导工作中,帮助学生形成敢于挑战、不怕失败、勇敢追求自我价值实现的精神。

(5)积极运用现代图像技术手段促进教学内容形象化

在信息化时代,电脑空间所带来的"社会",不仅使生活方式发生了改变,同时也使人的感性及思维发生了巨大变化。二进制"数位"信号所置换的信息空间、记号式的逻辑思维优于模糊的感性经验的想法蔓延,以超文本为代表的非线性联想思考空间打破了每一个单一文本的独特性,使所有文本纵横联结,形成了超文脉的思考态度。此外,在多媒体构建的"假想世界"中衍生了假想世界的"真实"感受及多重感性认知和表现的新感性。

在互联网时代背景下,面对作为"数字原生代"的大学生,专业课教师应积极运用现代信息技术开展课程思政教学活动。对此,《高等学校课程思政建设指导纲要》强调:"要创新课堂教学模式,推进现代信息技术在课程思政教学中的应用,激发学生学习兴趣,引导学生深入思考。"[①]这就要求专业课教师积极回应当代网络影像时代的新趋势,善于运用信息技术将丰富的影像资料、网络语言和时尚素材形象化,有效增强课程教学的感染力,提升整体教学效果。

---

① 《高等学校课程思政建设指导纲要》发布[J]. 中国电力教育, 2020 (06): 6.

①教师突破认知偏见，积极主动适应大学生的图像化表达趋势

作为课程思政建设的主导者，不能轻视、漠视乃至无视伴随互联网信息技术应运而生的图像对当代人尤其是青年大学生群体认知方式、表达方式的深刻影响，即人们越来越倾向于接受直接的、感性化的图片、视频等影像资料信息，而对语言文字这种间接性的信息传递方式的兴趣越发降低，因此，专业课教师要转变观念，不可墨守成规，要突破传统的由语言和文字所构成的信息传递方式，运用现代信息技术将抽象概念形象化、思辨理论生活化，有效增强课程思政教学内容的感染力，提升信息传递效率。

②教师要提升识图能力，精准识别图像价值

在课程思政建设过程中积极运用现代图像技术手段开展课程思政教学，必然要求教师具备较高的图像识别能力，准确把握图像内在价值与专业课教学内容的契合性。在教学实践中，教师要了解图片、视频等图像资料的表达方式、生成机制和传播方式，精准了解和识别图像的整体价值。

需要注意的是，通过现代图像技术推进课程思政教学适度的形象化与感性化，绝不等同于排斥或摒弃理性思考。理性思考与感性素材之间是"道"与"术"的关系，通过专业课隐性思想政治教育功能传播、传递国家主导价值观，提升学生思维能力等是课程思政教学的根本目的，而感性素材只是优化理论内容传播方式的手段。在图像采集和运用过程中，专业课教师不能停滞于或局限于感性的图像表达，而一定要服从和适应专业课程所涉及的理论内容，通过活泼的图像技术将深刻的理论内容表现、表达出来，引导学生从感性认识上升为理性认识，进而形成对马克思主义理论、社会主义核心价值观等的信服、信仰。

4. 实现教学成效反馈与评估的科学化、多样化

教学评估是高校课程思政建设与教学实践过程的重要环节，对于衡量课程思政教学成效、总结教育经验、提升课程思政教学效果具有重要价值。教师要构建基于学生视角的课堂教学评价框架。课堂教学是课程思政教学实践的主渠道、主阵地，因此，专业课教师在开展课程思政教学评价工作过程中，要注重对课堂教学的评价。那么，我们应从教师还是学生视角开展课程思政课堂教学评价呢？

基于教师视角的课堂教学评价，其关注点主要是教师的课堂组织、教学内容

的设计、教学方法和技巧的运用，但忽视了学生这一学习主体。在"以学生为本"思想的指导下，我们应建构基于学生视角的课程思政课堂教学评价框架，重点关注学生的学习状况、学习成效，关注教师是否做到以学定教、以学评教。

一是考查学生课堂学习的参与度。课程思政教学的一个重要任务就是实施价值塑造，引导学生认识到专业课学习之于自身生存发展、国家与社会进步的重要意义，明确其所肩负的使命与责任。学生在课堂中的学习状态能够直观展现其对课程思政教学内容和教学方式的理解、认同程度，以及课堂教学成效。因此，在课程思政教学成效评估中，专业课教师要时刻关注学生是否参与课堂学习、学习状态是否专注投入，观察学生能否在民主、自由的课堂学习氛围中质疑问难、积极勇敢地表达自身想法与意见，重点考查学生是否具备相应的价值理性评判能力和敢于挑战知识边界的勇气。教师可以对师生互动、合作学习、独立练习、认真听讲、自主探究等学生学习状态进行记录。

二是考察课程思政价值塑造教学目标的实现情况。除学生课堂学习参与度外，学生表达自身观点和意见也是课程思政教学成效的直接反映。学生对其观点的阐述能够体现出其认识问题、理解问题的视角、立场、态度和能力，这是课程思政教学目标之价值塑造的核心任务。因此，专业课教师在课堂教学中一方面要关注学生通过言语的方式表达出来的对某一问题的认识，另一方面还应考查学生通过文字方式表达出来的看法。这就要求专业课教师在课堂教学中，充分尊重学生的话语权，鼓励他们积极思考、敢于表达，并在此基础上对学生所表现出来的情感、态度、价值理性等进行分析和判断，继而反思课程思政教学组织设计的优点与缺点，进一步加强和改进教学改革创新。

在课程思政建设中提高课程思政的教学成效，离不开对教学过程的评估。课程思政教学过程是教育者、大学生和教育环境，在教育目的、教育内容、教育途径、教育方法和教育活动的连接下互相作用的过程。课程思政教学过程的合理性程度决定高校课程思政教学实践的效果。课程思政教学过程评估包括两个方面：

一是检查和评估课程思政教学系统中各种要素的协调程度。从系统论角度看，教师、大学生、教学目的、教学内容、教学手段、教学活动等要素的相互作用构成了课程思政教学的整个系统和过程。从某种程度上讲，这些要素的协调程度直接影响课程思政教学成效。因此，专业课教师有必要对课程思政教学系统各要素的协作程度进行考评，重点考察课程思政教学过程中是否采用了与本课程教学目的相符合、相一致的教学内容；是否选择了能够有效达到教学目的的教学途径和方法；是否创设了能够实现教学目标从而有效影响大学生价值观的教学环境。

二是评估课程思政教学系统中各要素是否符合相关教学要求。对于课程思政教学过程，不仅要评估该系统中各项要素协调一致的程度，还应评估各个要素，这样才能发现课程思政教学过程中存在的薄弱环节。对于各项要素的评估，主要包括是否将价值引领纳入教学目的并作为一项重要教学目标；价值塑造内容是否与专业课教学内容具有高度契合性；教育方法是否具有创造性、是否适当；教学活动是否生动活泼、具有吸引力；教学过程是否尊重大学生的主体性，是否能够有效地激发大学生的积极性和创造性。

课程思政建设是坚持社会主义办学方向的重要支撑，是落实"立德树人"根本任务的战略举措，亦是全面提高人才培养质量的重要任务，是关系到培养什么人、怎样培养人、为谁培养人的根本问题。高校教师课程思政能力体系建设是课程思政建设的重要内容与关键环节，具有极其重要的现实指导意义。着力建构高校教师课程思政能力体系，就是要为高校教师群体聚焦自身课程思政能力建设，补足自身课程思政能力短板，着力发展自己，提升自身课程思政能力，更好地开展课程思政，使更多的大学生在课堂上受到滋养，受到熏陶，受到启迪引导，真正成为有骨气、有志气、有底气的人。

进入新时代，高校大力加强课程思政建设，将思想政治教育融入课程，加强对大学生的世界观、人生观和价值观的教育，传承和创新中华优秀传统文化，积极引导当代大学生树立正确的国家观、民族观、历史观、文化观，为中国特色社会主义事业培养更多合格的建设者和可靠的接班人。高校作为落实"立德树人"根本任务、为党和国家培养合格人才的主阵地，进一步加强课程思政建设，有着极其重要的现实意义。高校要聚焦"立德树人"根本任务，充分调动全社会力量和资源，大力推进课程思政建设，引导大学生坚定"四个自信"，成为堪当民族复兴重任的时代新人。

参考文献

[1] 范宝祥，张恩祥. 课程思政案例选编 [M]. 北京：中国政法大学出版社，2021.

[2] 蒋瑛，邓常春. 高校课程思政的思考与探索 [M]. 成都：四川大学出版社，2022.

[3] 姜雅净，程丽萍. 三全育人理念下高校课程思政改革实践 [M]. 上海：立信会计出版社，2021.

[4] 陈文海，熊建文，莫逊男. 高校课程思政优秀教学案例选编 [M]. 广州：广东高等教育出版社，2021.

[5] 李薇，沈大明. 多重视域下课程思政研究 [M]. 北京：中国轻工业出版社，2022.

[6] 吕云涛. 当代高校课程思政路径探索 [M]. 长春：吉林大学出版社，2022.

[7] 宋红波，陈尧. 高校外语课程思政理念与实践研究 [M]. 武汉：武汉大学出版社，2022.

[8] 高秀萍. 基础教育阶段学科教学课程思政的探究 [M]. 沈阳：东北大学出版社，2021.

[9] 刘莉莉. 课程思政研究与改革实践 [M]. 北京：北京航空航天大学出版社，2022.

[10] 朱丽霞. 课程思政视域中的思想政治理论课三合一实践教学模式研究 [M]. 武汉：武汉大学出版社，2021.

[11] 杨金海，汪尧珧，陈支武. 高校管理学课程思政建设路径探讨 [J]. 江苏商论，2023（08）：118-121.

[12] 刘倩. 思政课教师在课程思政建设中的角色定位 [J]. 现代职业教育，2023（20）：133-136.

[13] 白延泉，初秀伟，刘永昌. "三全育人"视角下高职院校"课程思政"建设的问题与对策 [J]. 黑龙江生态工程职业学院学报，2023，36（04）：123-126.

[14] 郭根.高校课程思政建设的理论内涵、实践偏差与经验检视[J].国家教育行政学院学报,2023（06）：52-60.

[15] 李景初.高校课程思政建设存在的问题及推进机制[J].西部素质教育,2023,9（13）：66-69.

[16] 焦艳.思政课教师助推课程思政建设的实践进路研究[J].现代商贸工业,2023,44（16）：244-246.

[17] 高翠.深化课程思政建设之路径探析[J].辽宁高职学报,2023,25（06）：51-55.

[18] 吴文明.开放大学课程思政建设原则及路径选择[J].陕西开放大学学报,2023,25（02）：72-76.

[19] 刘化龙,戴波,李海萍.高校课程思政建设的实施路径探究[J].北京石油化工学院学报,2023,31（02）：75-78.

[20] 台春玲.新时代高校课程思政建设路径探索[J].淮南职业技术学院学报,2023,23（03）：46-48.

[21] 姜媛.高校"课程思政"建设的探索与实践研究[D].杭州：杭州电子科技大学,2022.

[22] 潘炳含.高校课程思政与思政课程协同育人路径研究[D].石家庄：河北科技大学,2022.

[23] 史林.高校通识选修课"课程思政"建设现状、问题与对策研究[D].大理：大理大学,2022.

[24] 董育余.高校思政课程与课程思政协同育人研究[D].兰州：兰州理工大学,2022.

[25] 陈路.基于"三全育人"的研究生课程思政建设研究[D].重庆：重庆邮电大学,2022.

[26] 庄旭旺.高校课程思政的有效教学策略研究[D].重庆：西南大学,2022.

[27] 杜秀.高校课程思政建设研究[D].大连：大连海事大学,2022.

[28] 刘悦.高校课程思政育人研究[D].沈阳：辽宁大学,2022.

[29] 汪彤.高校化工类专业课程思政建设研究[D].镇江：江苏大学,2022.

[30] 孙亚伦.高校课程思政教学评价指标体系构建研究[D].大庆：东北石油大学,2022.